美か義か

日本人の再興

新保祐司
Shimpo Yuji

藤原書店

美か義か

日本人の再興

目次

美か義か

日本人の再興

士の道は義より大なるは莫《な》し。
義は勇に因《よ》りて行はれ、勇は義に因りて長ず。

吉田松陰「士規七則」の第三則

序章

美の日本と義の日本

「美か義か」、これが「人生重大の問題」なのである。……ここではっきり書いておいた方がいいだろう、私は義を選択する者である。

一　美の時代と義の時代が交互に

私は、令和の改元に際して、日本が「美の国」から「義の国」になることを願った。平成の日本は、「美の国」に他ならなかったからである。

日本は、「美の国」のようにとらえられることが多いし、日本人は、美を愛好する傾向が強いと思われている（川端康成『美しい日本の私』）。しかし、日本の長い歴史を振り返ってみると、美の時代と義の時代が交互に出てくるように思う。

大雑把な傾向として言えば、奈良時代は、義の時代であり、続く平安時代は、美の時代である。鎌倉時代から南北朝にかけては義の時代、室町時代は美の時代、戦国時代は義の時代、安土桃山から江戸時代は美の時代である。そして、近代以降は、明治が義の時代、大正が美の時代、昭和の戦前が義の時代、戦後の昭和から平成は美の時代であったと言えるであろう。

明治、大正、昭和、平成は、元号であって、奈良時代や平安時代、鎌倉時代といった時代区分とは性格が違うが、不思議と明治、大正、昭和、平成という区分は、同じくらいの重みを持っているように思う。それは、明治以降の日本の近代が、異様なまでに複雑な歴史過程を経て来たということの表れであろう。

それぞれの時代をもう少し詳しく見るならば、奈良時代の義としては、万葉集に出てくる大伴氏の言立《ことだて》を挙げることが出来る。巻十八に収められている大伴家持の長歌の中にある「海行かば　水漬《みづ》く屍　山行かば　草生《む》す屍　大君の辺にこそ死なめ　顧みはせじ」という言立は、義の始原である。

平安時代は、『源氏物語』や『枕草子』を思えば、美の世界であることが分かるであろう。ここで、明治時代における『源氏物語』をめぐってのエピソードを挙げておこう。内村鑑三は、義の「明治の精神」の代表的存在である。有名な『代表的日本人』は、西郷隆盛、上杉鷹山、二宮尊徳、中江藤樹、日蓮上人の近代以前の五人を取り上げているが、明治以降の代表的日本人について書くとしたら、内村自身が最初に挙げられるべき人物である。内村は、これもまた有名な講演『後世への最大遺物』（明治二十七年）の中で、次のように語っている。

また日本人が文学者という者の生涯はどういう生涯であるだろうと思うているかというに、それは絵草紙屋へ行ってみるとわかる。どういう絵があるかというと、赤く塗ってある御堂のなかに美しい女が机の前に坐っておって、向こうから月の上ってくるのを筆を翳《かざ》して眺めている。これはなんであるかというと紫式部の源氏の間である。これが日本流の文学者である。しかし文学というものはコンナものであるならば、文学は後世への遺物ではなくしてかえって後世への害物である。なるほど『源氏物語』という本は美しい言葉を日本に伝えたものであるかも知れませぬ。しかし『源氏物語』が日本の士気を鼓舞することのために何をしたか。何もしないばかりでなくわれわれを女らしき意気地なしになした。あのような文学はわれわれのなかから根コソギに絶やしたい（拍手）。

今日、このような発言をしたら、文化を理解しない「野蛮人」のように見なされるのが落ちだろう。しかし、これは「野蛮的」ではなく「野性的」なのである。現在の日本人は、文化によって飼いならされた人間になってしまっている。このときの聴衆の青年たちは、「拍手」までしている。明治という時代は、かくまで義の時代だったのである。

東京帝国大学の教授で、國學院大學の学長もつとめた芳賀矢一は、近代国文学の父といわれる。芳賀は、数多くの古典文学を校訂したが、『源氏物語』について、このような乱倫の書が、日本の大古典であるかのように評価されているのは情ないと語ったという。芳賀は、乃木大将の殉死の直後に、唱歌「乃木大将」を作詞した人であり、これはうなずけることである。

さらに、明治の気風を示す例を挙げるならば、正岡子規が有名な『歌よみに与ふる書』の中で、「貫之は下手な歌よみにて古今集はくだらぬ集に有之候。其貫之や古今集を崇拝するは誠に気の知れぬことと」といったことである。その一方、「真淵は歌に就きては近世の達見家にて万葉崇拝のところ抔《など》当時に在りて実にえらいものに有之候へども生等の眼より見れば猶《なお》万葉をも褒め足らぬ心地致候」として、万葉集を高く評価した。美の平安時代の古今集を否定し、義の奈良時代の万葉集をとったのである。

鎌倉時代は、「名こそ惜しけれ」の鎌倉武士の時代である。司馬遼太郎は、「街道をゆく42」の『三浦半島記』の中で「鎌倉幕府がもしつくられなければ、その後の日本史は二流の歴史だっただろう」と書いた。それは、義が打ち立てられなければ、ということに他ならない。南北朝は、『神皇正統記《じんのうしょうとうき》』の北畠親房、そして、皇居外苑の一角に銅像がある楠木正成の義である。

室町時代は、金閣寺の美であり（三島由紀夫の『金閣寺』）、銀閣寺のわびさびの美である。そして、世阿弥の能の美である。幽玄とは、美が深まったものであるとしても、義は含まない。戦国時代は、上杉謙信の義である。安土桃山時代は、豊臣秀吉の黄金の茶室や狩野派の金屏風が思い浮かぶ。江戸時代は、琳派や浮世絵の美である。これは、義のない美の典型的な世界である。

江戸時代は、美の時代であったと言うと、武士道というものがあったではないかという反論が想定されるが、確かに山鹿素行の武士道は義を核にしているが、有名な『葉隠』は、太平の時代における美に覆われた義であった。『葉隠』の山本常朝は、畳の上で死んだのである。江戸時代中期という窯《かま》の中で、美に窯変《ようへん》した義といってもいい。

徳川幕府の江戸時代は、徳川思想史というものが成り立つほどの学問（儒学や国学や水戸学など）があったことは事実であるが、義というものが社会の表に強烈に出ることはなかったように思う。

北村透谷は、「徳川氏時代の平民的理想」（明治二十五年）の中で「焉馬《えんば》、三馬《さんば》、源内《げんない》、一九《いっく》等の著書を読む時に、われは必らず彼等の中に潜める一種の平民的虚無思想の紘に触るゝ思ひあり。就中《なかんずく》一九の著書『膝栗毛』に対してかく感ずるなり」と書いた。そして「われは寧ろ十返舎のために泣かざるを得ざる悲痛あり、彼の如き豪逸なる資性を以て、彼の如きゼヌインのウイットを以て、而して彼の如くに無無無の陋巷に迷ひ、無無無の奇語を吐き、無無無の文字を弄して、遂に無無無の代表者となつて終らしめたるもの、抑《そもそ》も時代の罪にあらずして何ぞや」（傍点原文）と江戸時代という「時代」を問題にしている。時代思潮は、「一種の平民的虚無思想」だったのである。

それが、幕末維新期の危機の時代になって、急激に義が表に噴出してきたのである。水戸学も、後期水戸学になっていく。本居宣長の国学は、いってみれば美の思想だが、平田篤胤になると、義の要素が入って来る。明治維新の原動力の一つが、平田派の人々であったことも思い合わされてもいい。吉田松陰や西郷隆盛をはじめとする幕末の志士たちは、皆、義の人物であった。

そして、幕末維新期の激動の坩堝《るつぼ》を通過した明治人たちは、義の精神に貫かれていた。陸軍の乃木希典や大山巌にしても、海軍の東郷平八郎にしても、日露戦争を指導した将軍たちは、皆、義の人物であった。日露戦争で日本が勝ったのは、根本的には、将軍たちだけではなく日本の国民が義の国民だったからに他ならない。

大正時代は、例えば竹久夢二の世界のような美である。萩原朔太郎と室生犀星が大正五年に発刊した詩誌の名は「感情」であった。哲学、思想ではなく、感覚、感情の時代であった。白樺派という個人主義と大正デモクラシーという空疎な政治運動が登場した時代である。

昭和の戦前は、「海ゆかば」（昭和十二年）の時代である。「海ゆかば」は、信時潔《のぶときよし》の作曲であるが、歌詞は、前述した大伴氏の言立である。昭和十年代から見て千二百年ほど前の言葉に、曲が付けられたのである。そして、この「海ゆかば」は、戦前、第二の国歌として歌われた。古代の大伴氏の言立の持っている義が、近代の日本に復活したのだ。義が悠久の日本の歴史を貫いていることを、はっきりと示している事例である。私が編者となって編んだ『「海ゆかば」の昭和』というアンソロジーに、私は、「海ゆかば」は義の音楽であるという趣旨の一文を書いた。

戦前の昭和が義の時代であることを示すもう一つの例は、乃木大将の評価の転換である。大正という美の時代には、芥川龍之介や白樺派の武者小路実篤や志賀直哉に見られるように、乃木大将に対する見方は、いかにも大正時代らしいものだった。その時代思潮は、義を理解しないものだったのである。芥川龍之介は、「将軍」という小説で乃木大将の義に対して懐疑的にしか書けなかった。武者小路実篤は、「三井甲之君に」という文章の中で「ゲーテやロダンを目して自分は人類的の人といい、乃木大将を目して人類的の分子を少しももたない人」として、同じ自殺でも「ゴッホの自殺はそこに行くと人類的の処がある」と書いた。志賀直哉は、日記に「乃木さんが自殺したというのを英子からきいた時、馬鹿な奴だという気が、丁度《ちょうど》下女かなにかが無考えに何かした時感ずる心持と同じような感じ方で感じられた」とまで書いた。

それに対して、小林秀雄は、昭和十六年の『歴史と文学』の中で、芥川の「将軍」を「乃木将軍のポンチ絵の様なもの」に過ぎないと切って捨てている。小林秀雄は「僕は乃木将軍といふ人は、内村鑑三などと同じ性質の、明治が生んだ一番純粋な痛烈な理想家の典型だと思つてゐます」と言ったのであった。「純粋な痛烈な理想家」とは、義の人物のことだ。

戦後の昭和は、何と言っても敗戦国の戦後である。戦前の或る意味での義の突出に対する反動もあって、美の時代であった。それも、高度成長の時代における経済偏重の飽満した美であった。その時代の風潮は、バブル期をはさんでズルズルベッタリと平成に流れ込んだ。そして、平成は、失われた三十年であった。これは、経済について言えるばかりではなく、文化について言えることであり、美は、グルメ的な美にまで堕落したのである。「一種の平民的虚無思想」の時代であったと言えるであろう。

NHKのBS放送に「美の壺」という番組があるが、これは平成十八年四月に放送が開始されたもので、そろそろ二十年ほどになるという長寿番組である。日本の多様な美について鑑賞する内容だが、美は愛玩《あいがん》される対象として扱われている。ここに出てくる日本の「様々なる」美は、確かに美しいが、その取扱い方が、好事家的なのである。美は、趣味の対象として愛玩されており、安全なものになっている。小林秀雄は、「モオツァルト」の中で、「美といふものは、現実にある一つの抗し難い力であつて、妙な言ひ方をする様だが、普通一般に考へられてゐるよりも実は遥かに美しくもなく愉快でもないものである」と書いているが、「美」が「現実にある一つの抗し難い力」ではなくなっているのである。それは、日本人の方に、「力」として受けとめる精神力が失われているからである。

このような日本人の精神の状態では、これからの世界の苛酷な状況に対することはできまい。だから、令和の改元を機に、日本が「義の国」になることを私は願ったのだ。

二　開国と義の時代

日本の歴史を鳥瞰《ちょうかん》すると、美の時代と義の時代が入れ替わりつつ歴史が続いていると書いたが、国際環境から見ると、国を開いていた時代が義の時代であり、国を閉ざしていた時代が美の時代とも言えるようである。

飛鳥時代から奈良時代は、白村江の戦いに象徴されるように国際的な緊張の時代であり、遣唐使をやめて国風文化となっていった平安時代は、美が純粋になっていった時代であった。江戸時代は、言うまでもなく「鎖国」の時代であった。明治は、開国して義が鍛えられていった時代だったのである。大正は、日露戦争に勝利した後の閉塞感の中で(石川啄木「時代閉塞の現状」)享楽的になっていた時代であった。戦前の昭和は、激動の国際政治の中で、大東亜戦争にまで突き進んだのである。戦後の日本は、アメリカの傘下にあって、実質的には「鎖国」であった。

しかし、今や、アメリカの傘は破れてきている。となると、平成の弛緩した美の時代の後の令和の日本は、順番として義の時代になるはずだということになるのである。

三　内村鑑三の「美と義」

ここまで、美の時代と義の時代という考え方で日本人の精神史を見てきたが、私がこの発想を得たのは、内村鑑三の「美と義」という文章からであった。これは、私が批評を書きだした頃から私の思考を導いてくれたものである。これまで何回も引用してきたので、冒頭の文章などは、ほとんど暗誦できるくらいである。

「美と義」は、大正十二年（一九二三）の「八月十九日、軽井沢鹿島の森に於て述ぶ」と付記されているように、その日の説教に基づいている。『内村鑑三全集』では三頁ほどのものだが、内容的には深いものであり、日本人の精神史を考える上では極めて重要な問題を提示している。

内村は、先ず次のように語り始める。

○文明人種が要求する者に二つある。其一は美である、他の者は義である。美と義、二者孰《いづ》れを択《えら》む乎《か》に由て国民並に其文明の性質が全く異るのである。二者孰れも貴い者であるに相違ない。然し乍《なが》ら其内孰れが最も貴い乎、是れ亦《また》大切なる問題であつて、其解答如何《いかん》によって人の性格が定まるのである。

○国としてはギリシヤは美を追求する国でありしに対してユダヤは義を慕ふ国であつた。其結果としてギリシヤとユダヤとは其文明の基礎を異にした。日本は美を愛する点に於てはギリシヤに似て居るが、其民の内に強く義を愛する者があるが故に、其国民性にユダヤ的方面がある。伊太利《イタリヤ》、仏蘭西《フランス》、西班牙《スペイン》等南欧諸邦は義よりも美を重んじ、英国、和蘭《オランダ》、スカンダナビヤ諸邦等北欧の諸国は美よりも義に重きを置く。美か義か、ギリシヤかユダヤか、其選択は人生重大の問題である。（傍点原文）

人間が人間である価値は、この美と義の「二つ」である。そして、「美か義か」、これが「人生重大の問題」なのである。あらゆる問題は、この根本問題に淵源を有する。この第一問題が、「重大」な問題であると認識することがまず重要である。「様々なる」知識と情報が溢れ、根本的なものが見えにくくなっているからである。

そして、もっと重要なことは、選択することである。人間の精神が精神であるために必要なのは、選択だからである。キルケゴール的に言えば、「あれかこれか」である。この選択を決断せず、学問をしたり知識・情報をかき集めても無意味なのである。無意味どころか何か意味のあることをしているという錯覚の中に落ち込んでしまう恐れさえある。「あれもこれも」では、相対主義の泥沼にはまり込んで、結局は身動きがとれなくなる。この思考停止を、多様性の名の下に胡麻化してはなるまい。この選択がないままに肥大化した研究や学問は、結局は空疎なのである。ここではっきり書いておいた方がいいだろう、私は義を選択する者である。

確かに、これまで音楽や美術という美の領域にあるとされるものも対象にして批評文を書いてきたが、それは義に貫かれた美に限ったものであった。音楽では、交響詩「フィンランディア」のシベリウスであり、ベートーヴェンであり、ブラームスであった。美術では、ドイツ・ロマン派のフリードリヒであった。フリードリヒについての拙著の副題は、「崇高のアリア」であった。崇高は、義の顕《あらわ》れである。

内村の「日本は美を愛する点に於てはギリシヤに似て居るが、其民の内に強く義を愛する者があるが故に、其国民性にユダヤ的方面がある」という指摘は、日本あるいは日本人を考える上で決定的に重要な点である。大雑把に見れば、「日本は美を愛する」ように見える。例えば、日本美術史の方面で考えてみても、「美」だらけである。いわゆる「日本的な美」というものが、特徴としてはっきりあらわれている。また、人生の美学などと、すぐ口走るが、人生には美学ではなく、倫理学こそふさわしいはずである。

しかし、「其民の内に強く義を愛する者がある」のである。日本の歴史には、このような少数派ともいえるし、仮に「美を愛する」日本人を日本人らしいとすれば、日本人離れしているともいえる人間が、時々出現する。これが、日本の歴史あるいは精神史を一本の背骨のように貫いており、表層的にみれば、骨抜きになった「美」だらけの日本を辛うじて支えているのである。「ギリシヤに似て居る」が、「其国民性にユダヤ的方面がある」ことが、日本を、ある意味で複雑なものにしており、日本の背骨を見えにくくしているといえよう。「其民の内に強く義を愛する者」が多く出現した時代が、義の時代であると言えるのだ。そして、この背骨が、誰の眼にもはっきり見えるのが、幕末維新期である。この時代こそ、「其民の内に強く義を愛する者」が維新の志士、あるいは草莽《そうもう》の志士として輩出した時代だからである。

この「強く義を愛する者」がある意味で日本人離れしていることについては、作家の海音寺潮五郎と歴史家の奈良本辰也の対談を思い出す。海音寺は、大体日本人は「元来が自然環境の温和な農耕民族で、おとなしい」民族であり、政治もなしくずしにかわってきたが、そういう精神風土の中では吉田松陰などは「非常に際立った」異例の存在だという。「そういう点では松陰という人は、自分では純粋に日本人だと思っているんでしょうけれども、日本人離れしていますね。（笑）西郷もまたそうです。維新の志士は皆日本人離れしていますよ」と語っている。

内村は、続けて「美の美はしきは勿論言ふまでもない。殊に我等日本人として美を愛せざる者は一人もない。美は造化の特性である。神は万物を美しく造り給うた。（中略）美はたしかに神の一面である。美を知らずして神を完全に解する事は出来ない」と語り、「美」の価値を充分に認めた上で、次のように論を展開する。

○然し乍ら美は主に物の美である。肉体の美である。花と鳥との美である。山水の美である。

水晶と宝石の美である。即ち人間以下の物の美である。然るに茲に人間と云ふ霊的存在者が顕はれた時に美以上の美が顕はれたのである。之を称して義と云ふ。義は霊魂の美である。物の美とは全く性質を異にしたる美である。そして霊が物以上であるが如くに義は美以上である。（中略）人間に在りては其美は内に在りて外にない。人の衷なる美、それが義である。茲《ここ》に於てか義は美よりも遥かに大なる美である事が解る。（傍点原文）

「花と鳥との美」ということでは、江戸時代の画家、伊藤若冲《じゃくちゅう》の花鳥画が挙げられるだろう。そういえば、近来の異様ともいうべき若冲の人気は、やはり平成になってからであった。その頃から、奇想という言葉が流行した。美は、ついに奇想にまで堕落したのである。

内村が、美よりも義を強調するのは、もちろん義を重視する考えに基づいているが、背景としては、この「美と義」という文章が、大正十二年の八月十九日のものであることと関係していると思われる。大正という美の時代に批判的だったからである。江戸時代という美の時代を変革した義の明治時代を生きて来た内村鑑三には、大正時代は美に耽溺し義を軽んじる時代と見えた。

だから、内村は、「義の道即ち道徳を語るは偽善者の為す事であるかの如くに思ひ、自分は宗教家でないから事の善悪を差別しないと云ふが如き、是れ人間が自分を人間以下の地位に置いて云ふ事である。文士の取り扱ふ問題は芸術と恋愛に限られ、道徳と宗教とは措《お》いて之を顧《かえりみ》ざるが現代的であると思ふは、現代を以て人間の時代と見做さゞる最も誤りたる思想である」とか、「日本今日の思想家は之を問題の外に追出して、たゞ芸術と恋愛とのみを語って居る。実に恐るべき事である」と批判したのである。

平成は、第二の大正とも言える時代であり、この内村の批判が当てはまる時代であった。「たゞ芸術と恋愛とのみを語つて居る」時代だったと言えるのではないか。だから、令和は、義の時代とならねばならないのだ。日本の希望は、「其民の内に強く義を愛する者」が陸続として出現することにある。

最後に内村は、美の人間が義に対して抱きがちな誤解を避けるために「義は美以上である。然し義は決して美を退けない。義は美と両立しないやうに思ふは大なる間違である。真個の美は義の在る所に於てのみ栄える。世界一流の芸術家は、極めて少数の者を除くの外は、凡て義を愛する人であつた」と語っている。そして、何人かの名前を連ねているが、やはりベートーヴェンとレンブラントが挙げられているのは印象的である。この二人は、「真個の美は義の在る所に於てのみ栄える」ことを示す代表的な芸術家だからである。

第一章

葛飾北斎か富岡鉄斎か

日本の絵で、義のあるものなどがそもそもあるのかと問われれば、私は、ある、それは富岡鉄斎の文人画であると答える者である。

一　美の葛飾北斎

美か義か、という問題は、日本の美術史では、葛飾北斎か富岡鉄斎か、ということになるであろう。北斎は、宝暦十年（一七六〇）に生まれ、嘉永二年（一八四九）に死去、八十九歳。鉄斎は、天保八年（一八三七）に生まれ、大正十三年（一九二四）に死去、八十七歳。共に九十歳近い高齢まで生きたというだけではなく、晩年、あるいは最晩年に至るまで絵画の境地が高まっていったことも共通している。

しかし、北斎が死んだのは、ペリー来航（一八五三年）の四年前であり、つまりは江戸の人である。それに対して、鉄斎は明治維新のとき三十一歳であり、激動の幕末維新期に青春を生きた。北斎は、江戸の美であり、鉄斎は、明治の義なのである。

以前、墨田区の錦糸町に仕事場を持っていた頃、北斎通りという道路があることを知った。江戸東京博物館の方に歩いていくと、北斎通りと標識が立っている道路に入る。これは、南割下水通りと呼ばれていたものを、ここで生まれた葛飾北斎にちなんで北斎通りとしたという。北斎の人気のほどが知られる。

北斎通りの両側の街路灯や公衆トイレ等には北斎の作品が百枚ほど掲示されている。両国湯屋「江戸遊」に入ったこともある。この中の食事処の名が「北斎」であった。近くには、平成二十八年に開館した墨田区立の「すみだ北斎美術館」がある。

数年前には、信州の小布施の「北斎館」を訪ねた。そして、その近くの古刹《こさつ》・岩松院にある北斎最晩年の作、大天井絵「八方睨み鳳凰図」も見た。この天井絵には、あまり感動しなかった。この寺に福島正則の霊廟があることの方に感銘を受けた。あの福島正則が、信濃国高井野藩に転封され、この地で死んだとは不覚にも知らなかった。武将の運命の悲しさが感じられた。

このように北斎に関係したことを挙げてくると、北斎の人気の高さが分かるというものである。しかし、私は、北斎は一種の天才に違いないが、その浮世絵は深いものだとは思わない。代表作の「富嶽三十六景」も、斬新なアイデアに満ちているが、結局はグラフィック・デザインであって、絵画ではないと思う。その中でも有名な「神奈川沖浪裏」の一部が、ドビュッシーの交響詩「海」の楽譜の表紙に作曲家自身の希望により使われたことからも言えるように、装丁のデザインにふさわしいものにすぎまい。美としてはすばらしいが、義というものがない。では、日本の絵で、義のあるものなどがそもそもあるのかと問われれば、私は、ある、それは富岡鉄斎の文人画であると答える者である。

北斎には、公立の「すみだ北斎美術館」があるが、鉄斎には、鉄斎美術館がある。兵庫県宝塚市清荒神《きよしこうじん》の清澄寺の中にある。私は、もう四半世紀くらい前になるだろうか、一度訪ねたことがある。その頃、鉄斎に熱中していたからである。阪急宝塚線の清荒神駅から二十分以上歩く。駅前から山門まで坂道の参道には食い物や土産物の店舗や露店がずらりと並んでいる。

かなり俗気のする参道である。ようやくたどり着くと、境内の奥に鉄斎美術館「聖光殿」があった。展示されている作品も少なく、その日の記憶はほとんどなくなっている。場所がやや意外だが、それはこの美術館が、第三十七世坂本光浄が収集したコレクションを広く公開展示することを目的に、昭和五十年に開館された個人美術館だからである。参道を歩いて帰りながら、富岡鉄斎の美術館が、個人美術館としてしか存在しないことに一抹の寂しさを感じたのをよく覚えている。

昨年の春、北斎の代表作「富嶽三十六景」の全四十六作品が、ニューヨークのオークションで、約五億三千五百万円で落札されたというニュースがあった。一方、同じく昨年の春、「没後１００年　富岡鉄斎」が、京都国立近代美術館で開かれた。私は、五月の中旬、見に出かけたが、鉄斎展が、何故東京で催されないのかと思った。確かに、鉄斎は京都の画家ではあるが、鉄斎を北斎よりも高く評価したくない何か時代思潮といったものの力が働いているかもしれない。

二　義の画家、富岡鉄斎

画家とは、おおよそ美の画家である。しかし、その中に、義の画家という異様なる者が、稀に出現する。西洋では、レンブラントである。この義の画家という視点を手に入れてはじめて、富岡鉄斎が本当に分かってくるように思われる。

この点を鋭く指摘したのは、他ならぬ保田與重郎であった。保田は、『日本の美術史』（昭和四十三年）の最後の章を「奉讃鉄斎先生」と題した。冒頭に「鉄斎先生は近代の大芸術家であるに止らず、日本の美術史上第一流の偉人である。明治の栄光は、この人一人によってよく支へられたといつても過言でない。鉄斎先生一人あるによつて、明治の栄光は、どの時代にも劣らないであらう」と最大限の讃辞を捧げている。

ちなみに、洋画家の梅原龍三郎は、「近き将来の日本美術史は、徳川期の宗達・光琳、乾山とそれから大雅と浮世絵の幾人かを経て、明治、大正の間には、唯一人鉄斎の名を止めるものとなるだろう」と言った。保田與重郎と梅原龍三郎という分野も気質も異にする二人が、明治以降では鉄斎一人だと言っているのは説得力があるであろう。富岡鉄斎と梅原龍三郎というとずいぶん違った画風のように思われるが、梅原がルノアールに影響を受けたことを考えるとき、「晩年の彼は、ルノアールの絵を見て『この絵かきはイケる』と言つたといふ話がある」（小林秀雄「鉄斎I」）という文章が思い出される。

私も、近代日本には、鉄斎一人であると思っているが、それは、鉄斎が義の画家であることによる。普通、画家とは美の画家であるから、義の画家という言い方は変に思われるかも知れない。しかし、美の意匠の考案に忙しかった近代日本の美術史において、鉄斎が特異なのは、義の画家という逆説的な存在であったからである。文人画家と呼ぶのも、月並み過ぎる。鉄斎が、画家と言われるのを非常に嫌ったのも、いつも「わしの絵を見るなら、まず賛を読んでくれ」と人に語ったというのも、単なる美的感動がねらいではなく、義の表現を志向していたからに他ならない。
保田は、鉄斎を美の画家としてしか見ようとしない当今の通念を、次のように厳しく批判している。

鉄斎先生は明治の偉人だが、維新の人といふ方がふさはしい。本来の大学者が、たまたま書画の大家となつた。万巻の書をよみ千里の道を踏破するといふことは、東洋文人の修業の第一階、文人の小学校教程とされてきたが、近世それをまことに実行した文人墨客の第一人者は鉄斎先生だつた。自らも学人を以て任じ、自分の絵画は教育の低い人々を教導する方便とされた。日本の美術史上の第一級の絵画、国史三百年にして初めて出現した民族の宝だつたその画を、先生は庶民教育の方便と言ひ放つたのである。鉄斎先生は自分を勤皇家でありたいと願はれた。その勤皇の志を現して、いくらかでも人を道徳の世界へ導くことが出来るやうにと念じて、その絵を描かれた。古より神仏の偶像をつくってきた無名仏師の誠心と共通したこの一点の肝腎を除いて、鉄斎先生は世にあり得ないのである。その思想と念願をさけて、鉄斎先生の絵を見ようといふやうな考へ方は、人道に忠でない、又勇気を了解せぬ卑怯者である。さういふ本人の志を無視した考へ方を何のためにする必要があるのか明らかでないが、さういふ見方では、作品のこころに通ふことはりもなく、胸のいたむ思ひには所詮通じない。まして美の実体や詩の本質にふれて、生死を越える境に入ることなどたうていあり得ない。さういふ美の鑑賞は、ただ気分的な気楽な雰囲気だけの軽薄の感傷主義であらう。

保田は、鉄斎を「維新の人」であったと言う。幕末維新期が、「強く義を愛する者」が輩出した時代であったことを思い出そう。鉄斎が、「勤皇家でありたいと願」ったということは、鉄斎の義の根底をなすものである。激動の時代の坩堝《るつぼ》の中で鍛えられ、志士たちに広く深く浸透していた義の情熱は、三十一歳で明治維新を迎えた鉄斎も強く抱いたものであった。青年期の鉄斎が、志士たちと交わって過ごしたことは、鉄斎の思想と画業を考える上でもっと重視されるべきものである。

例えば、鉄斎二十三歳のときに起きた安政の大獄で殺された梅田雲浜、頼三樹三郎は友人であったし、天忠組（天誅組と表記されることが多いが、保田は天忠組を採っている）に参加して戦死した藤本鉄石、松本奎堂とも親しかった。彼らの死の記憶は、鉄斎に美の画家になることを許さなかっただろう。

「さういふ本人の志を無視した考へ方を何のためにする必要があるのか明らかでない」という控え目な言い方を、昭和五十三年に書かれた「鉄斎先生の書」の中では、実は「それを云ふことは当節ではまづいのだといふことをよく知つてゐる筈」だからだというはっきりした物言いに変えている。その「鉄斎先生の書」では、次のような言い方をしているのである。

鉄斎先生は、道徳の信実とその歴史を伝へて大切にされた。この点、今の人は忘れたか失つたのか、鉄斎先生のもつてをられた、東洋風の人倫思想を没却して、つまり先生の全人的表現を考へずに先生の芸術を論じてゐる。それは無いのだ。鉄斎先生は、明治聖代のごくあたりまへの日本人たるものと、その基盤をひとつにされた巨人だつた。先生の根柢《こんてい》は武家でもないし公家でもない。知識人でもない。日本の常の人に相通じるものが先生の底であつた。

忠孝第一の先生の勤王思想をはづして鉄斎先生を論じてゐる人たちは、そのことを知らないのでなく、それを云ふことは当節ではまづいのだといふことをよく知つてゐる筈である。自分は学問をしてゐるといふことが、先生の自負だつた。画かきでない、学者だと云ふ。鉄斎先生が勤王家であるかどうかは、別に弁ずる必要はない。その書がすぐれてゐるだけが大事なのだ、かういふ論が現代風である。偉大な人の偉大な作品は、その人の全人の表現であるといふ意味がわからなくなつたのだ。徹底した勤王家で東洋文人風の文雅を尊んだ。これが鉄斎先生の基本である。敬神崇親の維新伝統の勤王家といふことを除外すれば、鉄斎先生の書も画も無かつたのである。

三　保田與重郎の義、小林秀雄の美

小林秀雄は、鉄斎について三つの批評文（「鉄斎Ⅰ」「鉄斎Ⅱ」「鉄斎Ⅲ」）を書いている。これらの小林の鉄斎論は、まさに美についての批評としては優れたものであると言えるとしても、義の視点は欠落していると言わざるを得ない。「現代風」の「かういふ論」に近づいてしまっている。例えば、「鉄斎Ⅱ」の中で、「絵かきとして名声を得た後も、鉄斎は、自分は儒者だ、絵かきではない、と始終言つてゐたさうだが、そんな言葉では、一体何が言ひたかつたのやら解らない。絵かきでないといくら言つても、本当に言ひたかつた事は絵にしか現れなかつた人なのだから、絵の方を見た方がはつきりするのである」と書いている。

小林秀雄は、「一体何が言ひたかつたのやら解らない」という。保田與重郎と小林秀雄の違いがここではっきり出ている。そういえば、保田は、鉄斎の絵について美しいというようなことは言っていない。小林秀雄は美、保田與重郎は義なのである（保田の代表作として挙げるべきものの一つは、天忠組に加わった伴林光平が著した『南山踏雲録』の評注であろう）。

鉄斎は、まず賛を読んでくれ、と言っていたそうだが、「現代風」は「絵の方を見」るのである。それは、身も蓋もない言い方をすれば、大体小林秀雄の世代あたりから、漢文の白文を読めなくなったという事実があるはずである。賛を読もうにも読めないのである。ここに、近代日本における、深い意味での教養の断絶がある。芥川龍之介の死後、彼が高等学校の学生のとき、教室で先生の眼を盗んで読んでいた本を、取り上げてみると、中国の小説であったという挿話をその先生が思い出として語っている。もちろん、翻訳ではない。中国の小説は、漢文の普通程度の知識では読めないというが、芥川はそれを隠し読みするくらいの教養があったのである。当然、鉄斎の賛もすらすら読めたであろう。小林は、明治三十五年生まれで、明治二十五年生まれの芥川より十歳年下である。小林よりさらに五十一歳年下の私は、白文を読むのに大変な努力が要る。ほとんどの日本人がそうなってしまっているであろう。

小林秀雄の批評が、最終的に美の批評であり、義の批評の究極にまでは達しなかったことに、その鉄斎論が「現代風」の「かういふ論」の弊を逃れられなかった真因があるであろう。「美か義か」、「其選択は人生重大の問題」において、美を選んだということなのである。しかし、小林の美は、義との緊張関係を失わなかった。これが、小林の美が、唯美的や耽美的に堕さなかった所以である。『源氏物語』を現代語訳した谷崎潤一郎のように「瘋癲《ふうてん》老人」になることはなかった。

小林秀雄は、「モオツァルト」を書いた。ベートーヴェンではなかった。「疾走する悲しみ」であった。しかし、高橋英夫の『疾走するモーツァルト』の中に小林が「モオツァルト」を書いているとき、ベートーヴェンを聴いていたという興味深い話が出てくる。小林の美は、義との緊張関係を失わなかったと書いた所以である。

小林秀雄の美術批評ですら、このような問題を持っている。いわんや、今日の凡百の美術評論家においてをや、である。保田が、「鉄斎先生の書」の中で「今の世間、美術批評もわびしいが、美術研究もさびしくなるばかりである」と言ったとおりで、図像学的研究という、いわば子供の絵解きに興じている今日の美術研究家などは、鉄斎の美について論ずることさえ覚束ない。まして鉄斎の義とぶつかれる人が果しているか、はなはだ疑問である。

モネは、今日、大変な人気だが、セザンヌは、モネについて、「何というすばらしい眼だろう、しかし、眼に過ぎない」と言った。鉄斎は、北斎について、何というすばらしい絵かきだろう、しかし、絵かきに過ぎないと言ったことだろう。あえて分けるならば、モネは美の画家であり、セザンヌは義の画家である。セザンヌが分からなくなり、モネの方が人気があるというのも、今日の時代思潮の故であろう。

四　「富士山図屏風」と「攀嶽全景図（富士参詣図）」

四半世紀ほど前、鉄斎に夢中になっていた頃、奈良の大和文華館に富岡鉄斎展を見に行った。この展覧会にわざわざ東京から出かけたのは、「攀嶽《はんがく》全景図（富士参詣図）」の初公開があるためであった。

これは、明治二十二年、鉄斎五十四歳のときの作であるが、畳一畳を大分上回る大きさの絵で、その迫力に圧倒された。富士山は、麓の方から描かれているものの、中腹から山頂にかけての部分が、山全体の釣合いなど全く無視して大きく力強く描かれている。富士山というものに、普通、人が抱いているイメージを根底から覆す。何んと、富士の山肌が、桃色と言っていい色で塗られている。そして、山容はごつごつと岩が重なっているのを示すかのように墨の線が激しく縦横無尽といった感じで引かれている。これは、どう見ても、いわゆる日本の美意識にしっくり来る富士ではない。この富士は、美の富士ではないのだ。

色が桃色なのは、別名に「富士参詣図」とあるから、朝焼けによるものかもしれないが、そうだとすれば、かえって北斎の「赤富士」との違いを際立たせる。「赤富士」は、美であるが、鉄斎の「攀嶽全景図」は、何か、常ならぬもの、あえて言えばデモーニッシュなものが聳《そび》え立っているような感じである。デモーニッシュなもの、これも義の一面であろう。別名が「富士参詣図」だから、富士山の参詣を描いているのだろうが、何か富士が象徴する高みにあるものに、攀《よ》じ登ろうとしている激しさがある。

展覧会場では、この絵を使ったポスターを売っていた。縦一メートル半、横一メートルくらいの大きさのものであった。私は、これを家の壁に張って、しばらく日々眺めていたことがある。何か内から迫ってくるものがはちきれんばかりの絵で、少しも飽きが来なかった。美には飽きが来ることがあるかもしれないが、義は永遠に新しいからであろう。

北斎の「富嶽三十六景」の富士が、日本の美意識の大勢からいって、美しいものとされるという意味では、鉄斎は決して美しくない。アウトサイダーである。義のアウトサイダーなのだ。しかし、日本という国においては、アウトサイダーはもちろん大勢ではないが、真の意味で正統なのである。これが、日本の逆説である。鉄斎は、美をねらっていないし、描こうともしていない。鉄斎が、生涯「画かき」と言われるのを非常に嫌い、自らを「学者」としていたのも、美をねらって描いていないということに他ならない。

では、鉄斎は何を描いたか。義であり、歴史である。鉄斎は、富士を沢山描いているが、それは決して「富嶽三十六景」的なものではない。鉄斎の富士は、「正気《せいき》」の塊として描かれているのである。鉄斎にとって、幕末維新期の志士の多くの者と同じく、藤田東湖の有名な「正気の歌」は親しいものであった。鉄斎の筆録の三十三歳頃のものの中に、この「正気の歌」が感動をこめて書き写されている。「正気の歌」の冒頭は、次のようなものである。

天地正大気　　　天地正大の気
粋然鍾神州　　　粋然《すいぜん》として神州に鍾《あつ》まる
秀為不二嶽　　　秀でては不二の嶽となり
巍巍聳千秋　　　巍巍《ぎぎ》として千秋《せんしゅう》に聳ゆ

「天地正大の気」、すなわち「正気」が形をとったものが、「不二」なのであって、単に日本一高い美しい山なのではない。

また、鉄斎は、旅行を非常に好んだが、これも好きという月並みな言葉では言い尽くせない。ある意味でこれにも鉄斎のデモーニッシュな面が垣間見えるように思われる。北は北海道から、南は九州まで、この当時の交通手段の不便さを考えたとき、少し信じられないくらいの情熱で歩きまわっている。「万巻の書を読み、万里の道を行く」ことをモットーとした鉄斎は、文字通り、それを実践し、夥《おびただ》しい旅行記を書き残した。これは、単なる旅行ではない。鉄斎は、たとえて言えば、『大日本史』を旅しているのである。義の歴史を歩いている。鉄斎が、旅の中で感受しているのは、美の風景ではない。義の光景なのである。

この「攀嶽全景図（富士参詣図）」は、前述の通り四半世紀ほど前に初公開されたものであったが、鉄斎の富士の絵の代表作となれば、やはり「富士山図屏風」ということになるだろう。これは、六十三歳のときのもので、六曲一双の大作である。小林秀雄は、「鉄斎Ⅱ」の中で、「以前、展覧会で見た事があつたが、先日、所蔵家坂本光浄氏の御好意で、心行くまで眺める機会を得た」と書いている。小林は、この屏風を、「三時間以上も眺めてゐた」という。一つの絵を「三時間以上も眺め」ることができるということ、これこそ小林秀雄の小林秀雄たる所以である。また、小林をして、「三時間以上も眺め」させる力を持っていること、これこそ鉄斎の鉄斎たる所以である。

そして、小林は、鉄斎の絵は八十歳を過ぎてからさらに画業が深まったのだが、「これはもう紛ふ事のない鉄斎である。言はば鉄斎の誕生の様な絵だ」と書いている。私も、最晩年の鉄斎の絵の豊かさと深さに感嘆するが、この六十三歳の六曲一双には、「誕生」の溌刺《はつらつ》さがある。ベートーヴェンの交響曲で言えば、晩年の第九ではなく、交響曲第三番「英雄」のような飛躍があるのだ。エロイカは、ベートーヴェンの「誕生の様な」音楽だからである。

私は、この「富士山図屏風」の縦三十センチ、横一メートル半くらいの複製を額に入れて、家の壁にかけておいたことがある。「攀嶽全景図（富士参詣図）」と取り替えたのである。「攀嶽全景図（富士参詣図）」の方が、デモーニッシュなところがあって（こちらは、前述の通り、五十四歳のときの作であり、言わば「鉄斎の誕生」の前である）、少し「騒がしい」と感じることがあったからである。この「騒がしい」というのは、鉄斎と親しかった内藤湖南の言葉である。小林の「鉄斎Ⅰ」には「内藤湖南は、鉄斎を激賞する文を書いてゐるが、側近者には、鉄斎の絵は騒がしいと評したさうである」とある。

折に触れて、「富士山図屏風」に描かれた富士の全景を眺めると、これに「鍾ま」った「正気」が漂って来て、私の精神は垂直に立ち上がるようであった。義の絵の最高峰であると私は確信する。

鉄斎に対する私の敬愛の念は深いので、自分の本の装丁に鉄斎の絵をあえて使ったことがある。平成十七年に出した『鈴二つ』というクラシック音楽をめぐる随想をまとめたものであった。このタイトルにすることにしたとき、編集者の藤野邦康さんと装丁はどうするかという話になり、私は鉄斎の絵に鈴が二つ描かれているものがあることを思い出した。調べてみると確かにあった。「伏見人形図」から、鈴が二つ描かれている部分を使った。私は、クラシック音楽を美ではなく、義の観点から論じたので、鉄斎の鈴から義の音が響くことを願ったのだ。

最後に、「美と義」の内村鑑三と富岡鉄斎は、直接会ったこともある関係であったことを付け加えておこう。内村は、京都時代に、鉄斎の一人息子、謙蔵の英語の家庭教師だったのである。

第二章

大伴家持の言立《ことだて》

私が「美と義」の観点から義を重んじることを説いているのも、この「異立の精神」からに他ならない。

一　保田與重郎『万葉集の精神——その成立と大伴家持』

月刊『正論』で、桶谷秀昭、ロマノ・ヴルピッタ両氏と私で、「生誕百年、保田與重郎を語ろう」と題した鼎談をやったことがある。生誕百年だから、平成二十二年のことで、その年の十二月号に掲載された。

その中で、保田の著作から一冊を選ぶとしたらという話になったとき、私は、『万葉集の精神——その成立と大伴家持』を挙げた。新学社版の「保田與重郎文庫」全三十二冊は、平成十一年から同十五年にかけて刊行された。保田のものとしては、『日本の橋』は既に大分前に読んでいたし、橋川文三の『日本浪曼派批判序説』によって、保田の文学についての凡その理解は得ていた。そして、この文庫版が刊行されたとき、その中の幾つかを初めて読んだのだが、平成十四年の一月に出たこの『万葉集の精神——その成立と大伴家持』に圧倒的な感銘を受けていたからだ。

今回、美と義について思索しているとき、この保田の万葉集についての著作のことが頭に浮かんで来た。それは、これが「万葉集の精神」を大伴家持の義の観点から論じているものだったからである。そして、再読したが、この作品は保田與重郎の代表作と言っていいものであることを改めて確信した。

本書が持っている恐ろしいまでの気迫は、これが書かれた時期にも関係しているに違いない。序の日付は、昭和十七年三月二十五日である。戦時中なのである。戦時中が、文化を緊張のうちに高め、名作を生むというのは、人間の精神における真実である。小林秀雄の一連の日本の古典についての批評文が、『文學界』に発表されたのは、「当麻《たえま》」が昭和十七年の四月、「無常といふ事」が六月、「平家物語」が七月、「徒然草」が八月、「西行」が十一月、十二月であり、「実朝」は翌十八年の二月、五月、六月であった。これらの批評文、あるいは散文詩は、小林の批評の中で、一つのピークを形成しているのである。

序の中には、「本書の執筆を志したのは、去る二千六百年祭に当つてであつた。ほゞ一年にして昨年十月の頃に稿を終り、その後半歳を校正に従事したものである」と書かれている。昭和十五年の紀元二千六百年を祝って東京帝室博物館で開かれた正倉院御物展の拝観がきっかけだったという。紀元二千六百年と言えば、私は、これを祝うために作られた交声曲「海道東征」を思う。神武天皇の東征を題材にした北原白秋作詩、信時潔作曲の大曲である。戦後長く封印されてきたこの名曲は、戦後七十年の平成二十七年の十一月に大阪と東京で復活公演がなされた。それが大成功のうちに終わり、その後各地で演奏会が開かれている。一昨年の十月二十七日には、神武天皇を祀る橿原神宮の内拝殿で奉納「海道東征」合唱公演が開かれるに至ったのであった。

この曲を思い出したのは、紀元二千六百年ということが出て来たからだけではない。保田與重郎の『万葉集の精神――その成立と大伴家持』も、交声曲「海道東征」と同じように戦後、封印されているように思われるからである。鼎談「生誕百年、保田與重郎を語ろう」の中で、桶谷氏が「ところで保田が死んでから何年経ちますか」と訊いたのに対して、私が「来年で三十年です」と答えたのをうけて、桶谷氏は「三十年ね。日本の国文学者は保田の『万葉集の精神』をいまだに認めません。全部、文献リストから外していますね。何ですか、あれは。それほど怖いのかな、保田が」と語っている。

確かに、私の手元にある中公新書の『大伴家持――波乱にみちた万葉歌人の生涯』（藤井一二著）を見ると、その主要参考文献には、多くの関連本が載っているが、保田の著書は見当たらない。この著者は、「国文学者」ではなくて、日本の古代史の研究者のようであるが、大伴家持の「波乱にみちた」生涯を描くにあたって、保田の『万葉集の精神――その成立と大伴家持』を参照しなかった。これは別に「怖い」からということではなく、大伴家持を論ずる上で、保田の著はとりあげなくてもいいということになっているからに違いない。そもそも視野に入っていないのだろう。いわば、保田の『万葉集の精神――その成立と大伴家持』は、戦後、封印されているということなのだ。

交声曲「海道東征」は演奏時間が一時間ほどの大曲であるが、保田のこの本も、A5判五百七十一頁に及ぶ大作であった。序で、保田は「なほ本書はわが国未曾有の危機の日に稿をなし、その日とはやゝ趣の異る未曾有の時代に上梓されるのである。我らの思想は、古典の精神に立つ故に、昭和十六年十二月八日以前も、今も、原理に異るものはないが、生身の歓喜と慟哭のあらはれは心懐一変する程のものを思ふ」と書いている。ここに、真珠湾攻撃の日のことが触れられている。「未曾有の危機」「未曾有の時代」に書かれた大著であった。これは、交声曲「海道東征」についても言えることである。

『万葉集の精神――その成立と大伴家持』と交声曲「海道東征」の二つが、戦後封印されてきたのは、戦後の昭和と平成が、美の時代であり、戦前が、義の時代であったことを象徴している。保田の本の封印は、一言を以て言えば、戦後という美の時代には、大伴家持を美の観点から評価するのであるが、それに対して、保田は、大伴家持を義の人としてとらえるからである。

それにしても、この保田の大著は、保田の他の著作と同じく、あるいはさらに上回って解説するのが難しい。この困難について、前述の鼎談の中で、私は「生誕百年ということで、私も桶谷さんのものをはじめいろいろな人が書いた本を読み直しましたが、保田與重郎は理解するのが非常に難しい。一番図式化しにくい。桶谷さんは保田は『純粋な何者か』であって、日本主義者ではなかったと書かれていますが、とにかく『純粋な何者か』としか言いようのない存在です。復古主義者でもないし日本主義者でもない『純粋な何者か』。水銀みたいなもので、つかもうとしてもつかめないところがあるんですよね。／保田の著作は読んでいるときには実によくわかるのですが、それを他の人に伝えようとしたときに困難が生じる。つまり普通われわれが使っているような知性的な文脈とかボキャブラリーでは説明が難しいんですよ。桶谷さんも指摘されていましたが、保田は最も新しく最も古い、最も古くて最も新しい日本人なんです。もう突き抜けてしまった存在。だからわれわれの近代的な常識では非常に整理しにくい」と語ったことであった。

今回、再読しながら、何回か頭をよぎったのは作曲家のブルックナーのことであった。万葉集について書かれた本を読みながら、ブルックナーを連想したというのは別に奇をてらっているわけではない。保田のこのような大作に、ブルックナーの交響曲の大曲と似たものを感じるのは自然なように思われる。桶谷氏と私は、平成十四年の春に、「保田與重郎をめぐって」と題した対談をしたことがある（『国文学　解釈と鑑賞』平成十四年五月号「特集　日本浪曼派とその周縁」）。その中で、対談の前年の年末に亡くなった、ブルックナーを得意とした指揮者の朝比奈隆に話が及んで、次のようなやりとりがあった。

桶谷　朝比奈隆のインタビューなどを断片的に聞くと、やはり人間が立派ですね。実に芸術家ぶらない。
新保　そうですね。
桶谷　あれは非常に立派だ、惜しかったですね。信時潔、朝比奈隆、やはりこれは日本の音楽家としていいですね。保田與重郎がブルックナーを聴いたら、やはり何かインプレッションがあったのではないかと思うんですけど。

新保　それは面白い想像ですね。
桶谷　マーラーはどうかというと……。
新保　マーラーはダメでしょう。
桶谷　ダメでしょうね、やはりブルックナーでしょうね。

桶谷氏と私が、保田與重郎とブルックナーに感じている似たものとは、「もう突き抜けてしまった存在」から来るものである。ブルックナーは、美しくない、崇高なのである。美と崇高を対比して考えることは、カントやエドマンド・バークによってなされたが、美と義は、美と崇高とも言い換えることができるのだ。

保田與重郎が、ブルックナーだとすれば、小林秀雄は、ブラームスである。小林は、ブラームスを愛した。晩年、五味康祐との対談で、本居宣長をブラームスみたいに書きたいなあと語っている。ブラームスが近代の極致だとすれば、ブルックナーは近代を「突き抜けてしまった」音楽家なのである。ブラームスとブルックナーは、同時代に生きた対極的な作曲家だが、小林秀雄と保田與重郎も、似たような関係にあるように思われる。小林が、源実朝を書いたのに対して、保田は、大伴家持を書いた。いかにもブラームスとブルックナーらしいことである。その逆はあり得なかったであろう。

二　「海行かば」の一節のある長歌

保田與重郎の『万葉集の精神――その成立と大伴家持』から引用することは難しいことだが、あえてその核心ともいうべきものは、次のような件《くだり》であろう。

この歌のつぎに、「賀㆓陸奥国出㆑金詔書㆒歌一首并短歌」の作がある。この作は家持の生涯にとって重大な作品たるのみでなく、万葉集の精神が成立した意味に於て、比類ない貴重の作であつた。この意味の万葉集の貴重さは、他の古代文物を以て比べ得ないものである。例へば東大寺正倉院系の天平文物は、わが古代人の美的天分の証拠として、外に示して比類ない誇りである。しかるに万葉集は、わが不朽の国史精神の古典として、外に示す以上に内に重大なものである。

この著作のきっかけが、昭和十五年の東京帝室博物館で開かれた正倉院御物展であったと、前述したが、このきっかけというのも普通のものではない。並みの人間であれば、そこに展示されている正倉院御物を見て、感嘆し、天平文化論を書きそうなものだが、保田は全く違う。「東大寺正倉院系の天平文物」は、「わが古代人の美的天分の証拠」に過ぎないというのである。

正倉院御物展を見て、保田は、「わが不朽の国史精神」は、ここにはないと断じたのだ。ここにはないもの、万葉集こそ、その精神の古典なのである。保田は、「美」を問題にしていない。「国史精神」を貫く「皇神の道義」、即ち「義」の問題なのである。

この長歌の一節「海行かば　水漬《みづ》く屍《かばね》　山行かば　草生《む》す屍　大君の辺《へ》にこそ死なめ　顧みはせじ」という異立《ことだて》については、次のように書いている。

海行かば以下は、さきの詔の中に申されたことばで、詔詞の中では「大君のへにこそ死なめ　のどには死なじ」とあつて、天皇の行きます先々に従つて、その御辺で死にたい、事なく安らかには死なじ、此身命《このみ》は天皇の御為にのみ死にたいとの意味であると宣長は云うた。家持が歌つたのは末句が「大君のへにこそ死なめかへりみはせじ」となつてゐる。同型で末句の異るものがあつたからであらう。

この長歌の意義については、「家持が、陸奥国より黄金を出せる時の詔を賀してよんだ長歌の如きは、藤原氏の指導する文化精神に対する峻厳無比な抗議である」と書かれている。保田の『万葉集の精神——その成立と大伴家持』は、まさにアララギ派の斎藤茂吉の『万葉秀歌』（この昭和十三年に刊行された岩波新書は、戦前の時点で五十万部を超えるベストセラーであった）に象徴される万葉集の把握に対する「峻厳無比な抗議」であったのである。

保田は、「立つる異立とは、つねならず異なることをなすを云ふ、言葉に立てることは、即ちつねならぬ異を云つて、志を述べる意味であるから、軽々しく言立と読んではならぬのである」と書いている。確かに、保田の引用では、「異立」となっているが、岩波文庫では「言立て」となっている。保田は、国学者、鹿持雅澄《かもちまさずみ》の『万葉集古義』から引用しているに違いないが（保田は、「万葉学の精神は、鹿持雅澄に於て停止したのである」と書いている）、「異立」と「言立て」は、国学と国文学の違いを象徴している。「人倫世上の大義を論ずるを任務とする文学は、つねに異立の精神にあらはれる」とあるが、私が「美と義」の観点から義を重んじることを説いているのも、この「異立の精神」からに他ならない。

三　唯美の歌と悲痛の歌

鼎談での桶谷氏の「日本の国文学者は保田の『万葉集の精神』をいまだに認めません。全部、文献リストから外していますね。何ですか、あれは。それほど怖いのかな、保田が」という発言に対して、私は「結局、国文学者というのは国学をまったく失っているということでしょう。だから国文学というのは国学を捨てて、まさにヴルピッタさんがおっしゃったように、明治時代の近代信仰の中で、国学は国文学になってしまった。認めるも認めないも、そもそも分野が違います（笑）」と言った。「怖い」のは、保田の「義」なのである。

だから、国文学者の研究は、ここでは「全部」考察の「リストから外して」置こう。では、精神史の方はどうか。亀井勝一郎は、保田與重郎とは戦前、「日本浪曼派」の時代に交差したことがあるが、戦後はずいぶん違った道をたどった人である。その亀井がライフワークとしたのが、日本人の精神史だった。第一部『古代知識階級の形成』、第二部『王朝の求道と色好み』、第三部『中世の生死と宗教観』、第四部『室町芸術と民衆の心』まで刊行されたが、亀井の死によって、未完となった。その『古代知識階級の形成』の中の「天平びとの精神」の章に「大伴家持をめぐって」という節がある。

その中で「家持の方から贈ったか、或いは女の方から贈ったか、いずれにしても彼をめぐる相聞歌の上で名の出てくる女性は、笠女郎、山口女王、大神女郎、中臣女郎、河内百枝娘子、紀女郎、安部女郎、石川郎女、巻八で重複している女性もあるが、この他に、麻蘇の娘子、日置の長枝娘子らの名がみえる。単に娘子、童女となっているのもある。家持をめぐってあたかも女性の匂いが立ちこめているような歌集で、彼がいかに好色の人であったかがうかがわれる」として「おそらく二十代前後の青春時代から、名門の貴公子として恋愛と遊宴に日々を送ったのであろう」と書いている。そして、「武将としても政治家としても、優柔不断の人ではなかったか」という見方をとる。亀井は、大伴家持を「名門の貴公子」である美の人ととらえる常識的な理解にとどまっているのである。

一方、この「青春時代」の家持について、保田は「家持が大伴氏の固有文化の精神を回想して、その精神の衰退を意識する以前に、即ち運命が自身のことばで暗示する過程に於て、家持のはなやかな唯美生活がひらかれてゐる」ことは確かだが、この「唯美的な青年期」が、転回したことについて、次のように書いている。

家持の唯美的な青年期と、後年の保守的な回想とをつなぐものは無数の問題をふくんでゐるが、彼の悲痛な復古的傾向と、万葉集中最も斬新の近代精神との関係の中には、矛盾がなく、その原因も情勢の激変と云つてすまないものである。さういふ精神が何時あらはれ、どのやうにあらはれるかは、他の面からも云へようが、家持の場合の唯美の歌と、のちの悲痛の歌との間には、普通に考へる以上に本質的に一つのものがあつたのである。むしろその後年のために前期は欠くべからざるものであつた。

戦後の昭和の美の時代には、家持の「唯美的な青年期」の「唯美の歌」や後年の「万葉集中最も斬新の近代精神」の絶唱を評価して、「海行かば」の長歌のような「悲痛の歌」はほとんど触れないようにしてきたのである。この「悲痛」について、保田は「我々は万葉集のその言霊の風雅の中に悲痛に表現した文化の闘ひのモニュメンタールをここによんだのである。彼らがただ一筋に伝へようとした精神は、漢風の制度思想と仏教の世界観に対し、固有の文化たる皇神の道義の現れを守ることであつた」と書いている。「悲痛の歌」は、「皇神の道義」を歌うものであったのである。ちなみに、私は「万葉集中最も斬新の近代精神」の歌としては、「うらうらに照れる春日に雲雀《ひばり》あがり情悲《こころ》しも独《ひとり》しおもへば」を傑作だと思う。

「海行かば」の長歌をめぐっては、亀井は、以下のような評価をしている。まず、「家持の場合、もうひとつ見のがしえない面は、最古の名門であるという誇りと、大伴家の後嗣としての族長意識である。さきにも述べた神話時代からの系譜と、宮廷の守りに任じてきた名家としての自覚が時々あたまをもたげてくることだ」という。「時々」である。それも「あたまをもたげてくる」ということに過ぎない。保田の『万葉集の精神――その成立と大伴家持』は、「回想と自覚」の章がほぼ半分を占めており、家持において「回想と自覚」が核心だったということが繰り返し書かれているのとは、まさに対極である。

そして、「たとえば天平二十一年、陸奥からはじめて黄金を貢したことが、『続紀』にみえる。聖武天皇は東大寺に幸して、橘諸兄《たちばなのもろえ》をして、『三宝の奴《やっこ》として仕へまつる天皇』という言葉で始まる有名な詔を発表させたが、その中に、大伴佐伯両族の祖先代々の忠誠を嘉した一箇所がある。家持の最大の長歌、『陸奥《みちのく》の国より金《くがね》を出《いだ》せるを賀《ことほ》ぐ詔書の歌』（巻十八）は、このとき感動して越中でつくられたものである」と説明した後に、次のように書いているのである。

大仏完成のための黄金だが、この長歌では仏教的なことは直接歌っていない。大伴佐伯両族の忠誠の伝統を確認し、「われをおきて、また人はあらじ」と名門であることを誇示している。「海行かば水漬く屍、山行かば草生す屍、大君の辺にこそ死なめ顧みはせじ。」はこの長歌の一節である。聖武帝の詔に感動したことはわかるが、すぐれた作品とは言えない。しらべに躍動するところなく、冗長な感じを与えるだけである。

保田とは、対極的な評価と言っていい。「仏教的なことは直接歌っていない」ことを、保田は、「天平の仏教と漢風の文化の中で、わが古典はみな固有の精神を旨として伝へたのであるが、その中枢たる万葉集のさらに中核なるものは大伴氏の一族の精神であった」と書いたのだが、亀井にとっては仏教の扱われ方が不満なようである。それは、やはり『大和古寺風物誌』を書いた人だから致し方あるまい。この亀井の代表作には、題名通り、「古寺」しか出てこない。「古社」は、一切とりあげられていないのである。

この家持の長歌を、「しらべに躍動するところなく、冗長な感じを与えるだけである」としか感受できないのは、亀井本人の精神の問題もあるが、戦前の昭和の義の時代と、昭和の戦後という美の時代の違いも背景としてあるであろう。亀井の『古代知識階級の形成』が書かれたのは、昭和三十四年であったことを思い出してもいい。そもそもこの本のタイトルがよくない。日本の古代において、「知識階級」という視点を切り口にすることがまず駄目である。万葉の歌人たちは、「知識階級」などではあるまい。

ここで、桶谷氏の『昭和精神史　戦後篇』の中で、戦前の昭和十七年に行われた有名な座談会「近代の超克」と戦後の昭和二十七年に行われた座談会「現代日本の知的運命」が比較されているのが参考になる。丁度十年後のことである。両方の座談会に出席しているのは、河上徹太郎、亀井勝一郎、中村光夫の三人である。この二つの座談会を比べて、桶谷氏は、「座談会『近代の超克』は、異様な分裂と混沌を蔵しながら、それじたいが運命であった。それから十年後の座談会『現代日本の知的運命』には、運命から見捨てられたひややかな認識と究極の無関心がある」と書いている。亀井の家持の「海行かば」についての評価も、「運命から見捨てられたひややかな認識と究極の無関心がある」と言えるのではないか。ちなみに、保田はこの二つの座談会のどちらにも出ていない。「近代の超克」も「現代日本の知的運命」も「突き抜けてしまった存在」だったからである。

今年は、もう戦後八十年である。「運命から見捨てられた」単なる美の時代を生きて来て久しい。令和の今日、義の時代を創造していかなければならない。義は運命をもたらすからである。

第三章

「こわい雑巾」と「きれいな帯」

私は、三十三歳のときの内村鑑三との出会いによって、人間とは、「義に飢え渇く者」でなければならないという考えに「摑まれてしまった」のである。

一　島木健作の墓

昨年の八月十七日、北鎌倉の浄智寺に行った。久しぶりに島木健作の墓参りをするためである。

私が、『島木健作――義に飢ゑ乾く者』（リブロポート刊）を上梓したのは、もう三十五年前の平成二年（一九九〇）の七月のことであった。「シリーズ民間日本学者」の中の一冊としてであり、このシリーズの編集委員だった評論家の松本健一さんの推薦によるものだった。私は、昭和六十二年（一九八七）からの二年間、季刊『三田文学』に内村鑑三論を連載したが、これが商業誌に初めて発表できた作品だった。この連載中にまだ無名だった私に、書き下ろしで島木健作について一冊書くという機会を与えてくれたのである。松本さんには感謝の気持ちしかない。

内村鑑三論の連載の最終回を書き終えたのが、昭和六十四年（一九八九）の春だったから、島木健作についてはそれから翌年の春にかけての一年くらいで書き上げた。そして、上梓したのは、前述の通り、七月のことだが、連載を終えた内村鑑三論は、それより少し早く五月に『内村鑑三』（構想社刊）として出ていた。

この二冊は、ほぼ同時に刊行されたといってもいいし、内容的にも共通のトーンを持ったものであった。それを松本さんは、洞察されていたようである。『毎日新聞』の書評欄に、この二冊を取り上げた書評を書かれたのでもそれは分かる。ほとんど同時に出たということもあるが、同じ著者の二冊の本を論じる書評というのは珍しいであろう。「古くて新しい批評家の誕生」というタイトルであった。書き出しは、「新保祐司という批評界の新人は、『直球』しか投げない。それも剛速球であって、相手（読者）のことなど考えずに、じぶんが『急所』、つまり問題の核心と考えるところにズバズバと投げこんでくる」というものであり、「新保はじぶんと同じように『直球』で闘っている人物だから、内村や島木を論じようとしたのだろうか。そうではない、かれは内村や島木のほうから選ばれてしまったのだ。摑《つか》まれてしまった、といってもいい（中略）島木によって摑まれてしまった経緯が明かされている。それも、愚直なまでの『ひたむき』さで述べられている。こういう愚直さは、新しさを喜び、ひねった物の見方を知的だとして推賞するこんにちの批評界では、貴重なものである」と書かれていた。

そして、「もっとも、新保にとってはじぶんが問題の核心と信じるところにむかって書くことがおのれの闘いなのであるから、古風といわれようと、愚直と評されようと、すこしも痛痒《つうよう》を感じないだろう。わたしはこの、古くて新しい批評家の誕生をよろこぶものである」と結んでいる。この松本さんの書評を改めて読んで、これを新聞紙上で読んだときに感じた喜びを思い出す。それにしても、松本さんは、私のことをよく見抜いていたものだと思う。

この二冊によって出発して以来、新聞や雑誌などに寄稿することが増え、「読者」のことも考えるようになり、「直球」に混ぜて「変化球」も少しは投げるようになった。しかし、古稀を過ぎて、初心に戻ろうと思う。「古くて新しい批評家」でいいのだ。「新しい批評家」などである必要はない。そして、批評の対象を自分から探すのではなく、「摑まれ」ること、これが批評の奥義である。今、私は、日本人の精神史における義について書いているが、この主題に私は、「摑まれ」たのであって、研究のテーマとして見つけたのではない。美の「様々なる」変化球が投げられている今日の文化状況に対して、義の「剛速球」を「ズバズバと投げこんで」いこうと思う。

この「シリーズ民間日本学者」では、いろいろな人物がとりあげられたが、それぞれその人物を象徴する副題をつけることになっていた。私は、「義に飢ゑ渇く者」とした。これは、新約聖書マタイ伝のいわゆる山上の垂訓の一節である「幸福なるかな、義に飢ゑ渇く者。その人は飽くことを得ん」（第五章六節）から採った。島木健作とは、「義に飢ゑ渇く者」に他ならないからである。それにしても、今から振り返ると、最初の書き下ろしの著作ですでに義を出していたのかと我ながら感慨深いものがある。私は、三十三歳のときの内村鑑三との出会いによって、人間とは、「義に飢ゑ渇く者」でなければならないという考えに「摑まれてしまった」のである。

島木健作の墓参りは、この本が出た翌月の八月十七日に行ったのが最初である。この日が、島木の命日だからである。本の上梓は、幸い命日に間に合った。墓石には、朝比奈宗源の揮毫で、島木健作之墓と彫られている。墓前に、拙著を呈し、この戦後日本で忘れられていった作家がこの著作をきっかけに復活することを祈念した。この願いは、後述の島木健作展や講談社文芸文庫の島木健作集の刊行などによって少しはかなえられたが、まだまだ不十分である。それは、美の時代には、義の島木健作の復活は、容易なことではないからである。

その後、墓参りはしばらく夏の暑い命日の日に続けたが、ここ二十年近く行っていなかった。今回は、墓前に、時代思潮が、美の時代から義の時代に変わっていくことが期待されるようになったことを報告し、その代表的な一例として、義の島木健作が復活することを祈念したことであった。

二　義の島木健作と美の川端康成

この節は、「義の島木健作と美の川端康成」としたが、島木健作と川端康成という二人の作家をこのように並べること自体、反時代的なものかもしれない。川端康成といえば、日本で最初のノーベル文学賞を受賞した作家であり、今日でも文庫で多くの作品が手に入る。新潮文庫では、『伊豆の踊子』『雪国』『古都』『掌の小説』『少年』『眠れる美女』『山の音』『千羽鶴』『虹いくたび』『みずうみ』などがあり、岩波文庫には『川端康成随筆集』が入っている。ノーベル文学賞受賞講演「美しい日本の私」も角川ソフィア文庫『美しい日本の私』に収録されている。また、川端康成歿後五十年の令和四年（二〇二二）の秋には、神奈川近代文学館で「没後

五十年川端康成展　虹をつむぐ人」が開かれた。川端文学は、いまだにその人気が続いている
ことが分かる。

一方、島木健作は、かつて新潮文庫で『生活の探求』上下二冊『赤蛙』『獄』が出ていたが、絶版になって久しい。短編「赤蛙」は、教科書にも採用されたことがあったくらいだが、それも昔の話である。新潮文庫『赤蛙』が、名著復刊の一冊として出たのは、拙著の上梓の四年後の平成四年（一九九四）のことであった。

実は、神奈川近代文学館で「没後六十年島木健作展」が平成十七年（二〇〇五）に開かれた。島木健作の再評価を願っていた私としては、とてもうれしく思ったのを覚えている。そのとき、神奈川近代文学館の評議員だった私は、会期中に島木健作について講演した。同じ神奈川近代文学館で行われた展覧会ではあったが、川端康成展と島木健作展という二つのものにはメディアの取り上げ方や入場者数などにも、ずいぶん差があったと思う。

この展覧会の翌年の平成十八年に、講談社文芸文庫の一冊として島木健作の『第一義の道・赤蛙』が出た。これは、私が編集をして、解説を書いたものであった。しかし、これも初刷で終わっているようである。

このように今日の世間の評判には、かなりの差がある二人ではあるが、私は、義の島木健作を美の川端康成より重んずる者である。島木健作は、明治三十六年（一九〇三）札幌生まれ、川端康成は、明治三十二年大阪生まれ。四歳違いに過ぎない。内村鑑三が「美と義」の中で、

欧州でも北の国々が、美よりも義を重んじ、南欧の国々は、義より美を愛するといっていたことを思いだすならば、島木は北方の精神の人であり、義である。川端は、大阪であり、美であろう。内村鑑三は、札幌農学校出身であり、やはり義の人なのである。こういう出身地や学んだ場所などの問題は、決定的なものではないが、全く関係のないものでもないであろう。ちなみに、私の元々の本籍地は、北海道の江差であり、北方の精神に強く惹《ひ》かれるものがある。私が北欧、フィンランドの作曲家、シベリウスを愛し、『シベリウスと宣長』という著作を出したのもそれ故である。

島木健作と川端康成は、作風が違うが、縁がなかったわけではない。なかったどころか、かなり深いつながりがあったといった方がいい。二人は、共に鎌倉に住んでいた。島木は、昭和二十年の八月十七日の夜に、四十二歳で死んだ。敗戦の二日後に死んだことが、島木に戦後という時代の根源的批判者たる資格を与えるのである。キルケゴールも四十二歳で死んだことが、ふと思い出される。島木とキルケゴールには何か共通したトーンがあるようである。

島木が、鎌倉養生院で死んだとき、防空演習の担架に乗せて、扇ヶ谷《おおぎがやつ》の家まで運ばれた。そのときのことを高見順が「島木健作の死」（昭和二十一年一月）という文章の末段に印象深い表現を遺している。

防空演習のあの担架の上に島木さんを横たへた。さうして前を三浦さんといふ島木さんの友人が担ぎ、小林秀雄さんがこれを助けた。後を義秀さんが持つて、久米さんと私とがこれに手を添へた。川端さんは提灯を持つて先導役に立つた。かうして島木さんを、彼の仕事場である家へと運ぶのであつた。月は既に落ちてゐた。暗い道には人気が無く、さう遠くない森で梟《ふくろう》がホーホーと啼いてゐた。長くわづらつてゐた島木さんの身体はごく軽く成つてゐたが、——重かつた。

一つの時代の死。久米さんが、そんな気がすると呟《つぶや》いた。

島木さんの顔にかけた布が担架の揺れでずれて来て、ひよつこりと生々しい顔が現はれた。その顔は、私たちを見ないで、暗い空を見てゐた。

この葬送は、実に一幅の歴史画である。島木の死は、何か大いなるものを象徴しているのであり、誰か大画家に描いてもらいたい場面である。例えば、登場人物が揃っている。川端康成、小林秀雄、中山義秀、久米正雄、高見順である。この歴史画にタイトルをつけるとすれば、「一つの時代の死」であろう。島木の敗戦二日後の死は、昭和戦前期の義の時代の終焉を象徴していた。だから、それは、「一つの時代の死」、義の死であり、「重かった」のである。

川端康成は、「武田麟太郎と島木健作」（昭和二十一年五月、七月）の中で、「敗戦は日本民族の大きい転向である」と書いたが、それは、義から美への「転向」を意味していた。島木健作的なるものが忘れられていくということであった。

小林秀雄は、「島木君の思ひ出」（昭和二十四年三月）という回想文を書いているが、これは友情の散文詩といってもいい傑作である。「中原中也の想ひ出」と並び立つものだが、「島木君の思ひ出」を長調であるとするならば、中也のものは短調で書かれているといっていい。小林秀雄の有名な「モオツァルト」は、小林秀雄、青山二郎、石原龍一の編輯による『創元』第一輯に発表されたが、その中に島木健作の「土地」（小説）を載せている。これも、「友情」の表れであろう。また、島木の全集は、昭和二十二年三月から二十七年にかけて全十四巻で、創元社から刊行されたのだが、この全集の奥付を見ると、編纂者は「島木健作全集刊行会（代表）小林秀雄」となっている。小林は、昭和十一年から創元社の顧問であったし、昭和二十三年から三十六年までは取締役であった。他の編纂者は、林房雄、亀井勝一郎、中村光夫である。そして、装丁は青山二郎であり、題簽《だいせん》は小林秀雄である。小林が題簽をしたものは、この島木健作全集の他にはないように思われる。

編纂者の一人であった中村光夫も、当時、同じ鎌倉に住んでいたが、島木と往来があり、この島木の全集の第一巻に付された「解説」で、敬愛の念にあふれた文章を捧げ、「一個の人間として見たとき、何といふ頑《かたく》なな律儀さであらうか、何といふいぢらしい健気《けなげ》さであらうか」と書いた。この「頑な律儀さ」「いぢらしい健気さ」、これこそ島木健作の核心であり、義といってていいであろう。中村は、新潮文庫の『赤蛙』と『生活の探求』の解説も書いているが、深い理解の行き届いたものである。『赤蛙』は、義を追い求める精神を描いたものであり、『生活の探求』とは、義の探求に他ならない。

島木の遺体を横たえた担架の後ろに「手を添へた」高見順は、『敗戦日記』の昭和二十年七月十五日のところには、「島木君の小説を小説じゃないというのは、玄人《くろうと》小説家の定説となっている」と書いている。日本の「玄人小説家」が、美の表現に現《うつつ》を抜かしている中で、島木は、義を問題にしていたからである。この「玄人小説家」の代表的存在の一人が川端康成であったといってもいい。高見は、島木健作の小説が「小説じゃない」ということを悪い意味でいっているのではない。高見は、島木のそういうところに愛情を感じていた。それは、『昭和文学盛衰史』の中の島木についての記述を読めば分かる。

中村光夫と同じく全集の編纂者の一人であった亀井勝一郎は、「島木健作」(昭和二十三年十一月)の中で、「島木は生れながらのピューリタンである。その全作品を通して、つひに恋愛や情慾を描かなかつた作家だ。この点でも実にユニークである」と書いた。本書第五章で、乃木大将が、「和製ピューリタン」であったと記されるのとつながる。「恋愛や情慾を描」くのが、「玄人小説家」であり、美の小説家である。ここで、谷崎潤一郎の名を挙げてもいい。一方、島木は、義の小説家だったのである。

「提灯を持つて先導役に立つた」川端康成も、同じ鎌倉文士として島木とは交流はあったのであり、島木の死後、昭和二十一年二月に新潮社から島木の晩年の短編を収録した『出発まで』という作品集が出たが、川端はこの本の題簽を書いている。

拙著『島木健作――義に飢ゑ渇く者』の序説を、私は「こわい雑巾」と題した。北畠八穂の「島木家の雑巾は、かりて足をふけないと宅の女中はこぼしました。雑巾はいつでも、なめてもいい程にすすぎぬかれてあるそうです。こわい雑巾だと敬遠していました」という回想がとても印象深かったからである。この雑巾がこわいという感覚、いわば畏れを感じるというのが島木の核心である。「こわい雑巾」は、第六章で出てくる「非凡なる凡人」に通ずるであろう。これに対して、川端康成は、温泉芸者のきれいな帯といえようか。

三　川端康成の「魔界」

前述したように、令和四年の秋、神奈川近代文学館で、歿後五十年を記念して、川端康成展が開かれた。私は、展覧会場を一巡し、その後、カタログも一読した。心惹かれるものはなかったが、日本人初のノーベル文学賞受賞者として、日本文学の中の「代表的日本人」と世間からみなされている川端康成に、「美と義」の問題は露《あら》わに出ていると思った。

ノーベル文学賞受賞時の講演「美しい日本の私」を、今日、改めて読んでみると、こういう「美しい日本」というものは、私にはもうマンネリ化して感じられる。日本の観光のキャッチフレーズにふさわしいようにさえ思われる。「美と義」の緊張関係がなく、平板である。この講演には、いうまでもなく「義」の文字は出てこない。日本は、「美しい」ということに限られるのである。川端康成のキーワードに「魔界」がある。「佛界入り易く、魔界入り難し」。『魔界』なくして『佛界』はありません。そして『魔界』に入る方が難しいのです。心弱くてできることではありません」と川端は語っているが、「魔界」にまでいく「美」の方を、「心」強く、確信的に「択」んだのである。「義」に対しては、一顧だにしていない。

内村は、「美と義」の中で、「真個の美は義の在る所に於てのみ栄える」といった。義がない、というか義との緊張関係にない美というものが、どのように崩れていくかを、川端康成の文学の展開は示しているのである。「美」は、「魔界」へ吸引されていくのである。

カタログの中に、『千羽鶴』について、その主人公は、イモラル（不道徳）ではなく、アモラル(無道徳)な世界の住人なのであると書かれている。「魔界」の世界ということであろう。『源氏物語』と通じている訳である。しかし、果して「魔界」は深いであろうか。様々な眩惑に満ちた美が、そこから生まれて来るような豊かさがあるとしても、それは「深く」はないのではないか。川端康成は、『雪国』の連載が始まる頃、日本の文壇で今「でたらめに書ける」のは正宗白鳥と徳田秋声の二老大家だけだと肯定的に書いたが、「でたらめに」書いても、あるいは「でたらめに」書いた方が「魔界」は眩惑的になり、美の世界としては豊かになる。内村は、「世界第一流の芸術家は、極めて少数の者を除くの外は、凡て義を愛する人であつた」といって、「極めて少数の者」の例外があることを留保したが、果して川端康成は、その「極めて少数の者」の一人に入るであろうか。

講演「美しい日本の私」に、その原稿から削除された一文が、川端の歿後二十年を経て明らかにされたことを私は、最近になって知った。迂闊なことではあるが、これは川端における「美と義」の問題を考える上で、好個の資料である。

……禅寺にも仏像はありますが、座禅して思索する堂には仏像はありません。師に指導され、師と問答しますが、思索の主は自己、さとりは自分でひらくのです。論理よりも直観です。対象からの教へよりも、内心にひらめく教へです。したがつて、外界の美にも頼らないのが本来です。四季の折り折りの自然の美、人間がかかはりつくる美にも心を移さないのです。日本は自然の季節による移り変はりが微妙で、人間の心情が繊細優雅であるために、仏教も哀愁の美的宗教にやはらいでしまふ弱さはまぬがれませんでした。古来今日、西洋の虚無と頽廃の真の苦悩、真の恐怖は日本にはないといふのが、私の長年の持説でした。殊に西洋の虚無と日本の「無」とは、あまりにちがひすぎます。ここではよけいなことながら、西洋風の文学論の見方で、私の作風をニヒリズムと言ふのは、出発から方角ちがひでは……。

この「持説」は、日本の文化と日本人の精神に対する否定的なものだったので、川端は、講演から落としたのに違いない。しかし、この「持説」を「長年」にわたって抱いていたことは、川端康成が端倪《たんげい》すべからざる作家であることの何よりの証拠である。この「持説」が落とされた講演にあらわれた川端康成を愛好している読者などは、全く誤解しているに過ぎない。「古来今日、西洋の虚無と退廃の真の苦悩、真の恐怖は日本にはない」という日本観から逃げているのである。

「本来」は、「外界の美」、自然の美や人間が作る美に「心を移さない」のだが、「仏教も哀愁の美的宗教にやはらいでしまふ弱さ」があったのだと、川端は認識していた。だから、「西洋の虚無と頽廃の真の苦悩、真の恐怖は日本にはない」というのが「長年の持説」だったのである。森鷗外が「かのやうに」という作品で、日本の近代にあるものは、「かのやう」なものにすぎなかったという諦念を書いたことを思い出すならば、「真の苦悩」ではない、「真の恐怖」ではない、いわば「かのやう」な苦悩、「かのやう」な恐怖があったにすぎない。この「かのやう」な苦悩や恐怖が、近代日本の文学における「様々なる意匠」として書かれたのである。それは、川端においても「新感覚派」の時代から晩年の「魔界」まで変わっていない。

内村鑑三が「浅い日本人」という文章の中でいった「De Profundisと称へて深淵の底より湧出でる喜と悲と怒」がなかったということであり、「欧州にニイチェのやうな基督教に激烈に反対する思想家の起つた理由は茲に在るのである。彼等は基督教に由て深くせられて、其深みを以て基督教を嘲けり又攻撃するのである」という思想の劇が起きない「浅さ」の真因なのである。そこでは、「仏教も哀愁の美的宗教にやはらいでしまふ弱さ」があった。そして、「心情」

的な「耶蘇嫌い」があるわけである。

川端康成の文学は、義のない美が、ついに魔界に落ち込んでいくことを示した例として残るであろう。

第四章

義なき『葉隠』の武士道

山本常朝は美の武士道であり、山鹿素行は義の武士道なのである。
そして、私は、『葉隠』よりも素行を評価する者である。

一　山本常朝と山鹿素行

『葉隠』は、今日、よく知られた古典であり、「武士道といふは、死ぬ事と見付けたり」という言葉は、特に有名である。それに比べると、山鹿素行の『山鹿語類』の方は、余り知られていないであろう。『葉隠』の山本常朝《つねとも》は、万治二年（一六五九）に生まれ、享保四年（一七一九）六十歳で死去。山鹿素行は、元和八年（一六二二）に生まれ、貞享二年（一六八五）六十三歳で死去。ほぼ同時代の人と言っていい。粕谷一希の『対比列伝――戦後人物像を再構築する』は、二人の人物を並べて比較し、新鮮な発見をもたらす。例えば、小林秀雄には丸山眞男であり、保田與重郎には竹内好であり、唐木順三には鈴木成高といった具合である。この武士道を語った二人は「対比列伝」として並べたい人物である。

しかし、ほぼ同時代とは言ったが、三十七歳の年の差は大きいかもしれない。山鹿素行の方は、まだ戦国時代の余燼《よじん》が残っている時代に生まれているからである。「美と義」という視点から言えば、山本常朝は美の武士道であり、山鹿素行は義の武士道なのである。そして、私は、『葉隠』よりも素行を評価する者である。

「日本の名著」（中央公論社）の第十七巻として『葉隠』が刊行されたのは、昭和四十四年（一九六九）である。岩波文庫の『葉隠』は、奥付を見ると戦前の昭和十五年に初版が出ているが、現在手に入る文庫本の「はしがき」の日付は、昭和四十四年四月となっている。久しく品切れだった訳である。三島由紀夫の『葉隠入門』が出版されたのが、昭和四十二年であり、この頃、『葉隠』の人気が高まっていったと思われる。美の人、三島由紀夫が『葉隠』に傾倒したのも、さもありなんと思う。三島の本が、光文社のカッパ・ビブリアから出版されていることも『葉隠』人気の広さ、あるいは浅さが分かるようである。

戦後四半世紀を経た頃に、『葉隠』の人気が高まっていった背景には、「日本の名著」の『葉隠』の巻の責任編集者、奈良本辰也の解説「美と狂の思想」に書かれているように、戦後日本の高度経済成長の時代と山本常朝が生きた時代の共通点があった。ここで「美」が出てくることは注目されていい。戦後という美の時代には、やはり美の『葉隠』が相応しかったのである。その点について、奈良本は、次のように書いている。

『葉隠』は徳川幕府が開かれて百年にあたるころに書かれたものである。そして、鍋島藩の武士たちが生死を賭して戦い、多くの死傷者を出した島原の乱から、約七十年くらい後に書き始められたものであった。この時代的な関係は、今日の情況とまことによく似ていると言えば言えるであろう。

明治政府が成立してから百年である。それに、多くの国民が肉親を失い、家を焼かれて山野を彷徨した太平洋戦争が終わって二十数年が過ぎた。しかも、経済の面では、異常なほどの発展をとげ、太平の姿を元禄にたとえたほどである。

山本常朝がこの「元禄」時代を生きたのは、およそ三十歳から四十五歳である。男盛りの年齢と言っていい。この時代の「太平の姿」に山本常朝は、いらだったのである。『葉隠』の「聞書第一」の六三には、「三十年以来風規打ち替り、若侍ども出会ひの咄《はなし》に、金銀の噂、損得の考へ、内證事の咄、衣装の吟味、色欲の雑談ばかりにて、この事なければ一座しまぬ様に相聞え候。是非なき風俗になり行き候」とある。

しかし、山本常朝自身も、戦いの経験を持たない、言わば戦後世代である。そして、「武士道といふは、死ぬ事と見付けたり」と言った山本常朝は、結局、畳の上で死んだ。この悲喜劇とならざるを得なかった時代環境が、『葉隠』の言葉が時に高調するとしても、深いものには達しなかった根本の要因である。

「日本の名著」の第十二巻『山鹿素行』の解説「山鹿素行と士道」（田原嗣郎）の中に、「戦前の武士道論者が『葉隠』を捨てて山鹿素行を重視した」と書いてあるが、『葉隠』が戦前とは変わってこれほどまでに有名になったのは、戦後の時代思潮である美への偏向の故であり、戦前は山鹿素行の方が重んじられていたということを、私もそうだが、戦後の日本人は忘れてしまっているのである。令和が義の時代とするならば、山鹿素行に学ばなければなるまい。

二　マイナー・ポエット、山本常朝

中央公論社の「日本の名著」（全五十巻、昭和四十四年から昭和五十七年）の巻名を見ていると、気がつくことがある。巻名は、第一巻の『日本書紀』と第十七巻の『葉隠』の他は、思想家の名前となっていることである。

『日本書紀』の巻が、『日本書紀』となっているのは当然であるが、近世の思想家で言えば、第十一巻、中江藤樹・熊沢蕃山、第十二巻、山鹿素行、第十三巻、伊藤仁斎、第十四巻、貝原益軒、第十五巻、新井白石、第十六巻、荻生徂徠、と続くが、第十七巻だけが、『葉隠』となっている。山本常朝とはなっていないのだ。

この『葉隠』という書は、鍋島藩士であった山本常朝の談話を七年にわたって聞書した田代陣基《つらもと》が、この談話を基に編集したものであり、山本常朝の著作ではないので、第十七巻の巻名を、山本常朝とする訳にはいかないのであろう。これは、山本常朝が、一流の思想家の名に値する人物ではないことを象徴しているように思われる。田代陣基に至っては、『葉隠』を筆録した人物であること以外何も見るべきものはない。

奈良本辰也は、解説の中の「常朝の文学的才能」と小見出しのある節で、「私は、このいたずらではあったが、『影ぼしのような』少年に、非常にデリケートな神経を感ずるのである。

今ならば、さしづめ文学少年として育っているような繊細さである」と書いている。この「文学少年」というのは、山本常朝の核心であるが、この「文学少年」という言葉を、私はいい意味ではとらえていない。「常朝は、いつのまにか歌道をもたしなむようになっていた」とある。『葉隠』とは、あえて言えば田舎の「文学少年」が鬱屈した初老の男となったときつぶやいた武士道である。言いかえれば、武士道の書ではなく、武士を主題とした歌道書なのである。

岩波文庫の「はしがき」（古川哲史）には、「人一倍思ひつめた、一本気な、感じやすい魂をもつた常朝」と書かれているが、田代陣基については、「悩める青年」として次のように書いている。

城北の草庵に常朝居士をはじめて訪ねた田代陣基は、三十三歳の青年であつた。宝永七年三月五日稿を起し、享保元年九月十日筆を措くまで、前後七年間を『葉隠』の筆録にささげた事実だけを材料としても、我々はこの青年を辛抱強い、誠実な求道者であつたと見立てて間違ひはないであらう。さうしてまた、この事実それ自身がすでに暗示してゐるやうに、この青年が如何に生くべきかについての憂悶の時期にあつたことも想像に難くない。またさういふ悩める青年にとつてもつとも必要なのは、信頼に値する師匠である。またさういふ悩める青年が、嬰児《えいじ》が母の乳房を慕ふにも似て、強く求めてやまないものも、信頼に値する師匠である。「白雲や只今花にたづねあひ」の一句には、さういふ師匠を求めて空しかつた遍歴幾年かの焦燥が籠められてゐる。

山本常朝は、言わばマイナー・ポエット（小詩人）なのであり、田代陣基は、マイナー・ポエットの周辺によくいがちな心酔者なのである。「武士道といふは、死ぬ事と見付けたり」という有名な言葉にしても、これは詩である。この言葉の現代語訳は「日本の名著」では、「武士道とは、死ぬことである」と訳されているが、これは正確ではない。「武士道とは、死ぬことであると私は発見したのだ」と訳すべきものである。この「発見」の感動なのだ。エドガー・アラン・ポーの散文詩に「ユリイカ」というものがある。これは、アルキメデスが、浮力の原理を発見したときに「ユリイカ、ユリイカ！」と叫んだことにちなみ、ポーが発見した（ユリイカ）と考えた宇宙の本質を書いたものだが、「武士道といふは、死ぬ事と見付けたり」とは、そのような詩的感動の表現なのである。この詩情を抜きにして「武士道とは、死ぬことである」ととらえることは、山本常朝の精神の高揚を理解しないということなのだ。山本常朝の本質は、良かれ悪しかれ詩人なのである。

『葉隠』の巻頭には、「夜陰の閑談」とあるが、序文とも言うべき「漫草《みだりぐさ》」に「在るともなく、なきにはあらぬ影法師」と書かれた山本常朝と「悩める青年」が、「夜陰」に「閑談」したものが、『葉隠』なのである。田代陣基の「白雲や只今花にたづねあひ」に並べられた山本常朝の俳句は「浮世から何里あらうか山桜」であった。「浮世」から逃避しているのである。しかし、武士道とは本来、「浮世」に生きる人間の倫理のはずである。

岩波文庫の「はしがき」の中で、『気違ひ』『死狂ひ』『曲者《くせもの》』といふ類の穏やかでない文字が、この本にはしきりに出て来るのは事実である。『葉隠』の著者は、『我に狂気を与へよ』と叫んだあのドイツの狂哲学者の向ふを張り得る唯一の日本人であるかも知れない」という卓見が書かれている。この「あのドイツの狂哲学者」が誰のことか私は知らないのだが、ドイツ・ロマン派の詩人にはこういう叫びを立てた者がいたような気がする。そういえば、シューベルトにハイネの詩に作曲した「影法師」という傑作がある。

思えば、私も戦後の日本において、田代陣基のような「悩める青年」であった。山本常朝のような人物に惹かれるところがあった。あるいは、私自身も山本常朝のような人生を送っていたかもしれないし、田代陣基のように『葉隠』を筆録したことだけに意味があるような人生を送ったかもしれない。田代陣基の墓が再発見されたのは、昭和十年代になってからのことである。義の人、内村鑑三に出会わなければ、そうなっていたに違いないと思う。田代陣基は、「岩がねつたひ、小笹わけて、尋ねまうでのぼり」て、山本常朝という「師匠」に出会ったが、私には内村鑑三という「師」がやって来たのであった。

だから、山本常朝と田代陣基の二人には、他人事ならぬ悲しみを感じるのだが、この「影法師」の心の底からの声と私に思われるのは、例えば次のようなものである。「聞書第二」の四四。こんなことを二人の元「文学少年」が、歩きながら話しているのが眼に見えるようである。

道すがら、何とよくからくつた人形ではなきや。絲をつけてもなきに、歩いたり、飛んだり、はねたり、もの迄《まで》言ふと上手の細工なり。来年の盆には客にぞなるべき。さてもあだなる世界かな。忘れてばかり居るぞと。

ニヒリズムである。『葉隠』の美の武士道は、ニヒリズムに接しているのである。「聞書第一」の四二には、「幻はマボロシと訓むなり。天竺にては術師の事を幻出師と云ふ。世界はからくり人形なり。幻の字を用ゐるなり」と語っている。

もう一つ挙げるとすれば、「聞書第二」の八五。

人間一生誠に纔《わずか》の事なり。すいた事をして暮すべきなり。夢の間の世の中に、すかぬ事ばかりして苦を見て暮すは愚《おろか》なる事なり。この事は、悪しく聞いては害になる事故《ゆえ》、若き衆などへ終《つい》に語らぬ奥の手なり。我は寝る事が好きなり。今の境界相応に、いよいよ禁足して、寝て暮すべしと思ふなり。

これなどは、山本常朝を一人のエピキュリアンと呼びたくなるものである。山本常朝は、実は、ニヒリストであり、エピキュリアンだったのだ。私は、デカダンスの臭いさえ嗅《か》ぐようにも思う。

三　人間とその顔

「日本の名著」第十七巻『葉隠』の解説を読んでいて、或ることに気が付いた。この「日本の名著」の他のものの口絵か解説文の中には、その取り上げている思想家の肖像画が掲載されているのが普通であり、タイプの違う複数のものが載っている場合もある。しかし、この『葉隠』の巻には、口絵にも解説文にも山本常朝の肖像は一枚もない。存命中は、無名に近かっただろうから、肖像画も描かれていないのかもしれないとも思ったが、ウィキペディアで見ると、佐賀市の通天寺にある山本常朝の肖像画が載っている。誰の筆とも書かれていないが、古そうな感じである。

この肖像画を見たとき、ああ、この人は駄目だと直感した。出家しているから頭を丸めている。口はへの字に結んでいて、眼は世間に対して僻《ひが》んだような眼つきである。自分の不遇をかこっているような人物であり、今でいえば鬱病の気配である。不機嫌で苦虫を嚙み潰したような表情。武士道を語った人らしい毅然とした顔とはとても言えない。

「日本の名著」第十七巻の口絵は、「佐賀城鯱《しゃち》の門」の写真である。その説明文には、『はがくれに散り止まれる花のみぞ、しのびし人にあふここちする』という西行法師の歌がある。陣基が常朝を訪ねた心境とどこかで通っている。『葉隠』という美しい言葉は、深い木々の青葉に包まれた城の姿に因んだものという。意地と恋と、そして地方武士の哀愁がただよっているようである」とある。『葉隠』という美しい言葉」とあるが、確かにこの山本常朝の本が今日、有名なのはタイトルのよさによるところが大きいに違いない。また、「美しい言葉」とあるが、これは、『葉隠』が美の本であることを示している。

また、山本常朝が、「地方武士」であったことは『葉隠』の基調を決定づけているものである。「聞書第二」の三八に「上方にては花見提重あり。一日の用事なり。帰りには踏み散して捨つるなり。さすが都の心づきなり。万事仕舞口が大事となり」とあるように、「上方」「都」に対する憧れとそれと表裏した反発がある。山本常朝の俳句に、「みな人は江戸に行くらん秋の暮」というものがある。この俳句について、岩波文庫の「はじがき」の中で、古川哲史は、『葉隠』の成立の由来を説いて千万言に及ぼうとも、恐らくこの一句以上に出ることは不可能であろうと思われる」と書いている。

私は、人間の顔、そして表情を重く見る者である。三十年以上前のソ連崩壊の時代、ゴルバチョフが活躍していた頃、福田恆存がゴルバチョフの顔について、いい顔をしていると言ったことがある。こういういい顔をしている人間は信頼できるというのである。

山本常朝の顔について云々するのは、常朝自身が、「聞書第二」の一〇四で「人相を見るは、大将の専要なり。正成湊川にて正行《まさつら》に相渡し候一巻の書には、眼ばかり書きたりと云ひ伝へたり。人相に大秘事これあるなり。口伝。」と言っているのだから問題あるまい。その先の一〇八では、「風体《ふうてい》の修業は、不断鏡を見て直したるがよし。十三歳の時、髪を御立てさせなされ候に付て、一年ばかり引き入り居り候。一門共兼々申し候は、『利発なる面にて候間、やがて仕損じ申すべく候。殿様別けて御嫌ひなさるゝが、利発めき候者にて候』と申し候に付て、この節顔付仕直し申すべしと存じ立ち、不断鏡にて仕直し、一年過ぎて出で候へば、虚労下地と皆人申し候。これが奉公の基かと存じ候。利発を面に出し候者は、諸人請け取り申さず候。ゆりすわりて、しかとしたる所のなくては、風体宜しからざるなり。うや〳〵しく、にがみありて、調子静かなるがよし」とも語っている。「一年ばかり引き入り居り候」という或る意味で異様な行動は、山本常朝の性格を示しているように思われる。

私が、福田恆存と同じく人間の顔を重視するのは、昔、マックス・ピカートの『人間とその顔』を愛読したことがあったからかもしれない。もう詳細は覚えていないが、人間の顔を、その人間の内面の現れとして様々な観点から論じていたが、説得力のある本であった。

ちなみに、田代陣基の顔も、ウィキペディアに載っている肖像画（これも通天寺にある）で見ると、よくない。時代と合わず、しかし、その時代思潮と戦うこともせずに、ただ時代に不平を言っている「昭和の老人」によく見るような顔である。「師匠」の山本常朝の死後、田代陣基は、このような老い方をしたに違いない。

一方、山鹿素行の顔は、「日本の名著」第十二巻の『山鹿素行』の口絵で見ることができる。「山鹿素行画像」とあり、「平戸山鹿家に伝えられる画像である。作は狩野永真と伝えられている。素行の画像は他に津軽山鹿家にも所蔵されているが、表情は異なる。永真の名は素行の年譜にもしばしば見え、素行と親交のあったことがうかがえるので、この画像は素行のおもかげをかなりよく伝えたものといえよう」とある。知性的な顔つきで、眼には力があり、表情には誠実さが出ている。口は、山本常朝ほどではないが、への字に結んでいる。しかし、山本常朝の口が、不《ふ》貞《て》腐《くさ》れている心の現れであるのとは違って、この山鹿素行の口は、決断の意志から来る形である。

山本常朝と山鹿素行の顔を比べたとき、顔からしても私は、山鹿素行を取るのである。

四　山鹿素行の義

「日本の名著」の第十二巻『山鹿素行』の解説には、「四十五巻から成る『山鹿語類』のなかでは、武士の『士』としてのありかたを集中的に論じた、巻二十一『士道』篇はとくに読まれたもの」と書かれている。また、乃木大将が最も尊敬し、かつ心酔した人物が山鹿素行であるが、乃木大将の出石少将宛の書簡には、「先般来山鹿語類ノ士道士談篇ヲ愛読中ニ有レ之」とある。

この「士道」篇は、山鹿素行の義の武士道の核心である。その中でも、「心術を明らかにす」

の章の「義利を弁ず」の節は、最も根底をなすものと思われる。「日本の名著」の現代語訳によれば、次のようになる。

先生はかつていわれた――大丈夫が本心を失わずに成長させる存心の工夫は、ただ義と利との区別をわきまえることにのみある。君子と小人の差別、王道と覇道の違いなどは、すべて義と利との間にある。それではどういうことを義というのかといえば、内に高貴なるものを畏《おそ》れ、みずから恥ずる心を持ち、事を処理してのち、はじめて心楽しむ、これが義というものなのだ。また、利とは、内心では欲をほしいままにし、外には身体を安逸におこうとすることである。

この「心術を明らかにす」の章の「正直」の節には、『正』とは、義のあるところを守ってその態度を変じないことであり、『直』とは、親疎・貴賤の関係や相手の社会的地位によって自分の態度を変えず、あくまで人にへつらわず、世のなりゆきに従わず、その改めるべきを改め、正すべきを正すことである」とある。他にも、義の文字は何回も出てくる。あたかも、ベートーヴェンの交響曲第五番「運命」に、運命のモチーフが何回も出てくるように。山鹿素行の思想のモチーフは、義なのである。

一方、改めて『葉隠』を読んで気がついたことは、そしてこれはある意味で驚いたことなのだが、義の文字がほとんど全く出てこないことである。「聞書第一」の四四に、義が出てくることは出てくるが、次のようになってしまう。

不義を嫌うて義を立つる事成り難きものなり。然れども、義を立つるを至極と思ひ、一向に義を立つる所に却つて誤多きものなり。義より上に道はあるなり。これを見つくる事成りがたし。高上の賢智なり。これより見る時は、義などは細きものなり。

「義より上に道はあるなり」「これより見る時は、義などは細きものなり」と言ってしまうのである。奈良本辰也は、山本常朝の思想に、禅の思想との近親性を指摘し、「私は、彼が二十歳のころに教えを受けて、その血脈相伝までも許されたという湛然和尚の禅によるものだと思う」と書いている。しかし、義より上にある道とは何か。武士道という義のものに、道という禅を混ぜるのは、結局義を崩すことではないか。

改めて思うに、山鹿素行は、武士として武士道を説いたが、山本常朝は、四十一歳で出家し、剃髪した人であり、高伝寺住職了為和尚から受戒した。そういう武士から身を引いた元武士が語った武士道が、『葉隠』に他ならなかった。

武士道の正統である山鹿素行ではなく、武士道の異端である山本常朝に傾くところに、戦後の日本人の精神の退廃があり、武士道という義にも美を混ぜて崩したものを好んでしまうのだ。

第五章

「和製ピューリタン」乃木希典

詩人の佐藤春夫は、「われ君とその形式を異にするも／亦自ら国士をもて任ずるもの」と書いた。この言葉を、私も乃木大将に対して呈したいと思う。

一　山鹿素行と乃木大将

山鹿素行を尊敬した人物として先ず挙げなくてはならないのは、乃木希典《のぎまれすけ》であろう。乃木が自ら宮内省筋に運動した結果、日露戦争後の明治四十年、素行に正四位が贈られた。この年、乃木を中心にした山鹿素行を崇敬する人々は、素行の墓のある牛込宗参寺で「素行贈位報告祭」を執り行い墓前にこのことを報告した。そこで、乃木は、「山鹿素行を祭る文」を読み上げたのであった。

先生、徳、一世ニ高ク、識《しき》、古今ニ踰《こ》エ、学問該博《がいはく》、議論卓抜、夙《つと》ニ国体ノ精華ヲ発揮シ、中外ノ別ヲ明《あきらか》ニシ、名分《めいぶん》ヲ正シ、士道ヲ説キ、志《し》、経綸《けいりん》ニ存シ、才《さい》、文武ヲ兼ヌ。而《しこう》シテ不幸、世ニ遇《あ》ハズ、轗軻困頓《かんかこんとん》、終《つい》ニ偉大ノ抱負ヲ実用ニ施ス能《あた》ハズシテ逝《ゆ》ケリ。惜《おし》ムベキカナ。（中略）希典《まれすけ》幼時師父ノ教ヘニ従ヒ、先生ノ遺著ヲ読ミ、窃《ひそか》ニ高風ヲ欣《きん》シ、仰《あおぎ》テ以《もっ》テ武士ノ典型トナサンコトヲ期セシニ、（下略）

中央公論社「日本の名著」の第十二巻『山鹿素行』の「解説」（田原嗣郎）に、「素行の墓前で讃を読む乃木希典」と記された写真が載っている。いつもながらの軍服姿で軍刀を腰に下げた乃木大将が、「讃」の書かれた紙を持って、やや前傾の姿勢で立っているのを横から撮っている。「而シテ不幸、世ニ遇ハズ、云々」というところの文章に、乃木の山鹿素行に対する崇敬の底にあったに違いない共感があらわれているように思われる。

　乃木の写真と言えば、殉死当日、邸の前で撮った写真が有名である。私は、「皇居を振り返る騎乗の乃木大将」の写真が一番気にいっているが、それはさておき、この素行の墓前の写真を「解説」で初めて見たとき、乃木大将を理解するには、軍人としての経歴にとどまらず、乃木大将が学んだ学問を深く知らねばならないと改めて思った。「解説」には、『山鹿素行』（中山久四郎）と『山鹿素行先生』（松本純郎）からの引用文が載っている。両書は、戦前の昭和十二年の同じ年に刊行されている。この頃、山鹿素行の評価の高まりが見られたに違いない。

　中山の著からは「又兵学者として山鹿流の元祖たる先生の感化影響は天下に冠絶し、その歿後久しからずして、大石良雄等赤穂の義士は、直接間接に先生の感化薫陶によって、元禄の快挙となり、ついで幕末に至りて、吉田松陰あり、明治時代に至りては乃木将軍あり」という文章が引かれている。松本の著からは、「素行先生が説かれた所の武士道は、一《いつ》に道義を以て念とし、道の為には一死をも顧みるべからずとするものであり、然も生死の場に当つては義利の弁を明確にすること、その骨髄であつたことを思へば、此の精神が軈《やが》ては国家の命脈を護持する正気《せいき》となつて現はれた事は、固より言ふまでもないことであらう。その第一段の顕現を赤穂義士とする。赤穂義士の魂が夙《つと》に素行先生によつて長養せられ培《つちか》はれたことは、識者の認むる所、今更喋々《ちょうちょう》するを要しない」という件《くだり》が引用されている。

つまり、山鹿素行、赤穂義士、吉田松陰、乃木希典という精神の線が日本人の精神史に見て取れるということである。乃木の素行に対する崇敬が形となって現れた行動の最たるものが、山鹿素行の『中朝事実』をめぐってのものであろう。前述の、山鹿素行に正四位を贈られるように宮内省筋に運動したことよりも意義が大きい。乃木大将は、愛読していた『中朝事実』を自費で刊行したのであり、その殉死の前日、皇太子（後の昭和天皇）に献呈したのである。乃木大将の武士道は、山鹿素行のものであり、『葉隠』のものではないことは、改めて注意されていいことである。

乃木大将について、長与善郎は「古武士の悲劇的ドン・キホーテ」と言った。佐藤春夫は、「乃木大将を悼む言葉」と題した詩の中で、「ああ日本旧道徳の最後の人よ／君は空ゆく月のごとく悲しく／また日のごとくさかんなり／君が死はわれを高貴なる涙にさそふ／日本の偉大なるドンキホオテよ／われ君とその形式を異にするも／亦自ら国士をもて任ずるもの」と書いた。

長与善郎と佐藤春夫が、共に「ドン・キホーテ」の名を挙げているのは鋭い。セルバンテスの『ドン・キホーテ』は、通俗的に誤解されているようなものではなく、極めて深刻な傑作である。中世の騎士道の物語を耽読《たんどく》して、すでに騎士の時代が過ぎ去っているにも拘わらず、騎士道精神を生きようと願ったドン・キホーテと同様に、武士の時代が終わった明治時代に十七世紀の江戸時代の山鹿素行の武士道をそのまま生きようとしたのが、乃木大将だったと確かに言えるからである。明治の将軍たちは、みな武士の出身であり、武士道を学び体現してはいたであろうが、乃木大将のように「古武士」として「悲劇的」に生き切った人はいない。「日本旧道徳」である武士道の「偉大なる」実行者であった。

詩人の佐藤春夫は、「われ君とその形式を異にするも／亦自ら国士をもて任ずるもの」と書いた。この言葉を、私も乃木大将に対して呈したいと思う。

二 吉田松陰と乃木希典

小林秀雄は、兼好法師の『徒然草』を主題とした批評文の中で、「兼好は誰にも似てゐない。よく引合いに出される長明なぞには一番似てゐない。彼は、モンテェニュがやった事をやったのである」と書いた。これに倣《なら》って言うならば、乃木希典は、誰にも似ていない。よく引合いに出される東郷平八郎なぞには一番似ていない。彼は、吉田松陰がやったことをやったのであるということになるだろうか。そもそも大山巌や児玉源太郎などの明治軍人たちとは違っているのだ。乃木大将は、吉田松陰が刑死することなく生きたとすれば、松陰が生きたであろうように、明治の時代を生きたのである。乃木が、軍人として風変りだったのは、吉田松陰が軍人になったようなものだったからである。乃木は、趣味として漢詩を書いたのではない。漢詩人であることは、乃木大将の本質をなしていたのである。

内村鑑三は、「日本武士は詩人の剣を取りし者なり」と言った。乃木大将とは、乃木希典という「詩人」が「剣」を取った「日本武士」に他ならなかった。また内村は、「詩なき軍人は野人にして武士にあらず、武士はゼントルマンなり、即ち人類の最も高尚なる者なり」と言った。

三　内村鑑三と乃木希典

乃木大将については、実に多くのことが書かれてきた。そのまさに汗牛充棟《かんぎゅうじゅうとう》といっていい乃木評の中には、いくつか心に響く言葉があったが、私が最も優れていると思ったのは、やはりと言うべきか、小林秀雄のものであった。それは、昭和十六年の「歴史と文学」の中の「僕は乃木将軍といふ人は、内村鑑三などと同じ性質の、明治が生んだ一番純粋な痛烈な理想家の典型だと思つてゐます」というものである。

乃木大将といえば、日露戦争の旅順攻略戦であり、内村鑑三といえば、日露戦争のときの非戦論である。全く対極にあるように見える。凡その人間は、そうとしか考えまい。しかし、この二人を並べて「同じ性質の、明治が生んだ一番純粋な痛烈な理想家の典型」と喝破するところに、小林秀雄の端倪《たんげい》すべからざる批評精神が現れている。

こういう一見、逆に見えるものを深く洞察して「同じ性質」を見て取ることが、真の批評であり、解説との違いである。乃木を「軍神」と崇めて、一方、内村を非国民として嫌っているような、あるいは逆に戦後的通念から、内村を反戦主義者のように尊敬し、乃木を軍国主義者として否定するといった図式的な浅い単純な捉え方では、乃木の精神の悲劇も近代日本の悲しみも深く把握することはできない。

では、この「同じ性質」とは、どういうものであるか。それについて、私は、いくつかの点を挙げてみようと思う。

先ず一つ目は、やはり武士道である。乃木大将の精神の根本が武士道であることは、これまで書いてきたように言うまでもないことであるが、内村鑑三にとっても、武士道は極めて重要なものであった。内村は、「武士道の上に接木《つぎき》されたる基督教」という言い方をした。単なるキリスト教ではなかった。武士道の台木に接木されたものだったのである。

内村鑑三は、自らを「さむらいの子」と称したが、明治初期の基督者は、いわゆる「サムライ・クリスチャン」が主であった。戸川残花は「我が国に今日の如き基督教を見るを得たるは全く武士の手に因りて、伝道せられたるが故なりき」と明治三十年代に振り返っている。戸川残花は、旗本戸川安行の養子で、戊辰戦争のとき、十四歳で彰義隊に加わった。残花が明治の世になってから詠んだ俳句に、綱淵謙錠の『幕臣列伝』の巻末に書かれていたのを読んでから忘れがたいものがある。「玉疵《たまきず》も瘤《こぶ》となりたるさくら哉《かな》」。上野戦争の激戦の際、鉄砲の玉がさくらの木に当たってできた玉疵が、久しく年月が経ち、瘤になっている。義の歴史の跡への回想である。この瘤の上に義は立つのではあるまいか。

内村鑑三は、「我国に於て思ひしよりも早くキリストの福音が根を据ゑし理由は、武士が伝道の任に当つたからである。所謂《いわゆる》熊本バンド、横浜バンド、札幌バンド、之に加はりし者の多数は武士の子弟であつた。彼らは孰《いず》れも武士の魂をキリストに捧げて日本の教化を誓つたのである。そこには朝日に匂ふ山桜の香があつた」と書いている。具体的に主な名前を挙げるならば、熊本バンドは、柳川藩の海老名弾正、熊本藩の横井時雄（小楠の子）、横浜バンドは、旗本の植村正久、松山藩の押川方義、会津藩の井深梶之助、弘前藩の本多庸一、札幌バンドは、高崎藩の内村鑑三、南部藩の新渡戸稲造などである。彼らには、台木として「玉疵」の記憶があり、「武士の魂」があったのである。

数年前、熊本の花岡山の山頂にある熊本バンドの碑を訪ねたことがある。明治九年一月三十日、ここに熊本洋学校の生徒三十四名が、キリスト教の盟約を結んだ。碑には「熊本バンド奉教之碑」と徳富蘇峰によって書かれている。蘇峰は、このバンドの中で最も年少の生徒だった。これを揮毫したとき、晩年の蘇峰は若き日のことを思って如何なる感慨を抱いたことであろうか。ある意味で、これは蘇峰にとっては「玉疵」であったのかもしれない。

内村鑑三は、乃木大将の名前を「武士道と云へば直に勇気を思はせられます。乃木大将、東郷大将、其他我国古今の歴史を飾る勇士烈婦の行為は、国の礎また民の誇りであります。日本人は義の為には死を恐れません。日本人が賤しむものにして卑怯の如きはありません。義を視て為ざるは勇なき也であります」という文章の中で出している。

内村鑑三は、武士道の上に接木されたる基督教と言ったが、乃木大将にも、武士道の上に接木された何ものかがあったのではないか。明治の他の軍人たちに比べて、「一番純粋な痛烈な」武士道であったのは、普通の武士道の上に接木されたものが、乃木大将の場合にはあったからではないか。それは何か。私は、萩の乱の「玉疵」ではなかったかと思う。

萩の乱では、敵味方に分かれた実弟は戦死し、恩師玉木文之進は自刃したのである。そして、この「玉疵」は決して「瘤」になることがなく、「疵」のままであり続けた。それが、乃木大将において殉死という山鹿素行の武士道を超えたものが出現した根源にあるものなのではないか。素行は、『山鹿語類』の中の「殉死を弁ず」に見られるように、殉死を批判している。

「同じ性質」の二つ目は、ピューリタンということである。内村鑑三が学んだ札幌農学校のクラーク博士は、厳格なピューリタンであった。内村の基督教も、ピューリタニズム（清教徒精神）の性格を強く持ったものであった。そして、このピューリタニズムは、サムライ精神と共振性が高かった。大正の末、内村は、海老名弾正に「海老名君、君と僕が死んでしまったら武士的基督教は無くなるよ」と言ったという。内村鑑三と同じ札幌バンドの一員で内村の友人であった新渡戸稲造が『武士道』を書いたのも、納得されるのである。

一方、乃木大将は「和製ピューリタン」と言われたのである。大濱徹也の『乃木希典』は、乃木大将について書かれた本の中で、私見では恐らく最も優れたものであり、私も多くをこの書から学んだ。この著作は、二十九歳のときの著作であり、その完成度から言って、村岡典嗣の名著『本居宣長』を連想させる。この『本居宣長』も、村岡が二十七歳のときのものである。青春において、何か人間には全てが分かってしまうという経験をもつことがあるようである。恐らく、村岡典嗣も大濱徹也も、その後の長い研究生活において、この若いときの処女作を超えることはできなかっただろう。これが、人生における栄光でもあり、残酷な宿命でもあるのである。このことは、私が三十七歳のときに上梓した『内村鑑三』についてもあてはまるのかもしれないという思いに誘われる。

この『乃木希典』の「日露戦争後の社会と乃木希典」の部の第五章「社会風潮と乃木」の中に、「キリスト教徒になったとの風聞」という小見出しの下に、次のように書かれている。

エキ《ママ》セントリックな人間と乃木をみるのは、なにも日露戦争後にはじまったことではなく、すでにドイツ留学より帰国して以来徐々に形成されていた。乃木がみずから描いた軍人の理想像に忠実たらんとして質素な生活をする姿は、軍人が政治に関与し、また経済的な利を求める傾向が強まるなかで、清廉潔白な人との感を与えた。とくに、馬蹄銀事件などでの身の処し方は乃木の姿をつよく印象づけたのである。そのため、第四次休職のとき、乃木は「基《き》利《り》期（斯《す》）篤《と》信者ニ相成候《あいなりそうろう》為メ陸軍ノ現役ヲ追出サレ候トカ世間ニ流布《るふ》サレ」（明治34・8・6　出石猷彦宛）たほどである。これは、乃木が自己を抑制して生活する姿のなかに、キリスト者の禁欲生活とつうずるものがみられたからにほかならない。後に「和製ピューリタン」と称される因はこのてんではなかろうか。

「馬蹄銀事件などでの身の処し方」というのは、義和団の乱の終結後、天津城を日本軍が占領した際、そこで分捕した馬蹄銀をひそかに私有したことが露顕し、乃木の部下である杉浦少佐にも嫌疑がかかったとき、乃木は、痛憤し、その責任をとって辞表を提出したことを指している。

「ドイツ留学より帰国して以来」とあるが、西南戦争後、乃木は「酒びたりの毎日であった」。「乃木の豪遊」として知れ渡っていた。大濱の本には、「乃木の遊蕩は同藩出身の伊藤博文らの話題になるほどであった。伊藤は遊び好きであり、女好きなことにかけては当代一の男で『マントヒヒ』侯といわれ、ならぶものなき遊蕩児である。乃木の遊びぶりは、遊びなれした伊藤の眼をひくほどのはげしいものだったといえよう」と書かれている。

この乃木の一面は、乃木を崇敬する人々の余り触れたがらないものだが、私はこれがあるからかえって乃木大将の偉大さがあるのだと思っている。

ドイツ留学から帰国してからのことについて、同書には「かれは昔のように紅灯緑酒の街を徘徊することなく、かつての乃木希典を想像出来ないほどの変貌をしめしたという。この変身は、同僚たちの眼をみはらせ、驚かせるものだった」とある。そして、同郷の先輩乃木についての田中義一の回想が引用されている。

将軍は、若い頃は陸軍切つてのハイカラで、着物でもつむぎのそろひで、角帯をしめ、ゾロリとした風をして「あれでも軍人か」といはれたものだ。所がドイツ留学から帰つて来た将軍は、友人が心配したのと反対に、恐ろしく蛮カラになつて、着物も、愛玩の煙草いれも、皆人にくれてしまつて、内でも、外でも、軍服で押し通すという変り方、それが余りに酷いので、その訳を聞くと、「感ずる処あり」といふだけで、どうしてもいはなかつた。今に知人仲間のなぞとなつて居る。

この「感ずる処」とは何か。この「なぞ」は、ほとんど回心といっていいものだったのではないか。乃木は、単に「清廉潔白」な人間だったのではない。謹厳実直で質素倹約の人間だった訳ではない。その精神の根底で「回心」と言えるようなほとんど宗教的な心の動きがあったに違いない。「和製ピューリタン」とは、実に正鵠《せいこく》を得た表現であった。この回心には、アウグスティヌスの回心を思わせるものがあるといってもいいのではないか。

「同じ性質」の三つ目は、エクセントリックということである。先に、エクセントリックな人間と乃木をみるのは、「なにも日露戦争後にはじまったことではなく、すでにドイツ留学より帰国して以来徐々に形成されていた」という文章を引用したが、この「和製ピューリタン」

は、普通の人間からすれば、エクセントリックとも見られる人間であった。例えば、大濱の本には、次のようなエピソードが書かれている。

日清戦争からひきつづき台湾征討作戦に従事した第二師団が仙台に凱旋《がいせん》してきたとき、宮城県知事勝間田稔は、その労をねぎらうべく、仙台中の芸妓を総揚げして園遊会を催そうとした。園遊会に招待された乃木は、芸妓がはべることを聞いて出席を断り、まず戦死者の霊を慰めることを求めたという。ために、招魂祭が挙行され、園遊会は芸妓なしで開かれた。これは、青年時代の乃木が紅裾《こうくん》の居ない宴席などに顔をみせたことがないのと較べると、全く大きな変り様というほかない。

内村鑑三もまた、エクセントリックと見られる人間であった。それを示すエピソードにはいろいろあるが、ここでは乃木が問題なので触れない。それより重要なのは、このエクセントリックの意味である。eccentricとは、ec·centricであり、ec=exである。つまり、centerから「外に」あることである。常軌を逸している、あるいはそういう人、即ち変人、奇人の意味に普通、使われる。しかし、私は、このエクセントリックという言葉を、このような意味で考えているのではない。

このeccentricという言葉について、二十世紀最大の神学者・カール・バルトが、実に深いとらえ方をしている。バルトの場合は、もちろん、exzentrischというドイツ語になるが、これをバルトは、「中心を外に持って」と釈《と》くのである。『和解論』（井上良雄訳）の中で、「使徒」について「彼らは、いわば『中心を外に持って』（exzentrisch）生きる」と書いている。そして、「人間がその中心においてこそ自分自身のもとにいないということが、信仰というものの事情である。また、われわれは、次のように言ってもよい。すなわち、人間は、ただ自分自身の外部においてだけ自分の中心におり、従って自分自身のもとにいるのだ」という。

私は、三十代の半ばに、これを読んだとき、大変強い衝撃を感じ、何か重要なことが決定的に分かったような気がした。その頃書いた「狂気と正気《しょうき》」の中で、このバルトの言葉の影響の下、内村について次のように書いた。

内村鑑三についてエクセントリックという言葉が思い浮かべられるとしたならば、その場合eccentricというのは、中心の外部に（out of center）あるというのではなく、中心が外部にあるという意味でとらえられなければならない。世間の常識あるいは正気という中心から、はずれた外側にいるというようなことではなくて、自分という人間の外部に出てしまった、あるいは自分の外部に自分の中心を発見してしまったということなのである。中心が外部にあるということ、この不可能な状態が或る異様なる緊張感によってかろうじて保たれているということなのである。

乃木が園遊会に招待されたとき、「まず戦死者の霊を慰めることを求めた」ということを思い出してもいい。乃木にとっては、自分自身よりも、萩の乱、西南戦争、日清戦争、そして日露戦争の「戦死者の霊」という外部が重い存在だったに違いない。乃木大将が、自分自身の中心を見出した「外部」の集約されたものが、明治天皇に他ならなかったのである。

「同じ性質」の四つ目は、ドン・キホーテ的な面である。内村は、死の半年ほど前の日記に「独り静に思ふ、五十年以上も外国人を離れたる日本特殊の基督教を唱へても其実を挙ぐる事は出来なかつた。旧友或は棄教し、棄教せざる者も自分と共に歩む者はなかつた。今に至つて自分独り信仰的ドンキホーテを演じたのではない乎と思ひ、時に憂苦に堪え《ママ》ざる者がある」と書いた。内村鑑三も乃木希典も、「古武士の悲劇的ドン・キホーテ」だったのである。

第六章

「非凡なる凡人」の椅子

美の椅子に腰かけた人間は、果たして何を読むのか、何を考えるのか、あるいは何を妄想するのか。そして、作るのは「面白文化」に過ぎなかったのだ。

一　国木田独歩の名作「非凡なる凡人」

明治は義の時代であるということは、「明治の精神」が義の精神であったということに他ならないが、この「明治の精神」の典型を挙げるとするならば、国木田独歩になると思う。「明治の精神」の偉大な例となれば、乃木大将などの偉人になる訳だが、その典型となると国木田独歩が最もふさわしいであろう。しかし、それは、国木田独歩という人間というよりも、独歩が描き出した人物によってと言った方が正確かもしれない。特に、その「非凡なる凡人」という小説が、「明治の精神」の典型を表現している。

司馬遼太郎は、『坂の上の雲』で、日露戦争を描くにあたって、秋山好古、真之の兄弟を選んだ。日露戦争の勝利については、「ひやりとするほどの奇蹟といっていい」と書いている。そして、「その奇蹟の演出家たちは、数え方によっては数百万もおり、しぼれば数万人もいるであろう」が、小説である以上、その代表者を選ばねばならず、この「一組の兄弟」を選んだという。

私の「数え方」は、日露戦争の勝利という「奇蹟の演出家たちは」「数百万も」いるというものである。日露戦争は、乃木大将や東郷平八郎など多くの「英雄」がいたからというだけで勝利したのではない。「数百万」の「非凡なる凡人」が、戦ったからこそ勝利したのである。「明治の精神」は、「非凡なる凡人」に支えられていたのである。

保田與重郎は、「明治の精神」(昭和十二年)の中で、内村鑑三と岡倉天心の二人を論じているが、確かに「明治の精神」の代表者として、この二人の天才はふさわしい。しかし、天才ではない「明治の精神」の典型である「非凡なる凡人」を描き出したという意味で「明治の精神」を代表する詩人が、国木田独歩である。私は、今、詩人と書いた。小説家とか文学者とは書かなかった。独歩は、その文学の根底に詩を深く持った人だったからである。

独歩は、普通、文学史的には、北村透谷などの明治二十年代の浪漫主義と、日露戦争後の明治四十年代以降に文壇の主流になる自然主義の間をつなぐ存在とされているが、私は、国木田独歩を高く評価している。私が書いた最初の作家論は、二十二歳のときの北村透谷論であったが、次に書いたのは翌年の『独歩全集』への跋文」という題の批評文だった。

独歩の作品では、「武蔵野」「忘れえぬ人々」「牛肉と馬鈴薯」「空知川の岸辺」などが有名だが、独歩が「明治の精神」を代表する一人とみなされるのは、特に「非凡なる凡人」という小説によってである。「非凡なる凡人」は、明治三十六年(一九〇三)に発表された短編である。日露戦争開戦の一年前である。保田與重郎の言う「三十年代の最高潮の日本」に生まれた文学と言えよう。

独歩は、日露戦争の後、明治四十一年(一九〇八)六月、三十六歳で死んだ。「明治の精神」が失われていく時代に死んだのである。まさに、独歩は、近代日本の「最高潮の日本」である

「三十年代」を代表する精神なのである。

独歩については、吉田松陰との精神的なつながりが重要である。明治四年に生まれた独歩は、父が司法省に勤めていた関係で、幼少年期を、山口、岩国、萩などで過ごし、長州という土地で明治維新の精神にも親しんだ。二十歳頃には、吉田松陰に私淑し、『幽室文稿』などを書写熟読している。隣村の田布施に、松下村塾に倣って、「波野英学塾」を開き、英語、数学、作文を近郷の子弟に教えたりもした。松陰の松下村塾で助教であった富永有隣を訪ね、徳富蘇峰の『国民新聞』に「吉田松陰及び長州先輩に関して」を投稿している。この富永有隣をモデルにして書いたのが、名作「富岡先生」（明治三十五年）である。

独歩の、二十三歳から二十七歳までの足かけ五年間の日記は、独歩自身によって『欺かざるの記』と命名されている。このタイトルそのものが、松陰的である。この間の二十五歳の年には、吉田松陰の文章を選んで解説を付した『吉田松陰文』を、蘇峰の民友社から上梓している。日記の中に「シンセリテイ」（誠実）という語が繰り返し出て来るが、若き独歩の精神を貫いたものは、この「シンセリテイ」であった。これは、松陰などの維新の志士たちの「義」とか「誠」に通じるであろう。独歩の精神の台木は、松陰的なものであり、接ぎ木は、英国のロマン派の詩人、ワーズワースであった。この独歩と松陰の関係を見ると、「非凡なる凡人」とは、松陰の「草莽」に通じるものとも言えるのであって、明治維新が「草莽」によってなされたと言えるように、明治の時代は、「非凡なる凡人」に支えられていたのである。

この「非凡なる凡人」という小説は、「五、六人の年若い者が集つて互ひに友の上を噂し合つたことがある、その時、一人が」語った、桂正作という人物が主人公である。桂は、武士の子である。父は「維新の戦争にも出て一かどの功を立てた」が、維新後没落したのである。

僕の小供の時からの友に桂正作といふ男がある、今年二十四で今は横浜の或会社に技手として雇はれ専ら電気事業に従事して居《い》るが、先づ此男《このおとこ》ほど類の異《ちが》つた人物はあるまいかと思はれる。

非凡人ではない。けれども凡人でもない。さりとて偏物でもなく、奇人でもない。非凡なる凡人といふが最も適評かと僕は思つて居る。

僕は知れば知るほど此男に感心せざるを得ないのである。感心すると言つた処で、秀吉とか、ナポレオンとか其他《そのた》の天才に感心するのとは異ふので、此種の人物は千百歳に一人も出るか出ないかであるが、桂正作の如きは平凡なる社会が常に産出し得る人物である、又た平凡なる社会が常に要求する人物である。であるから桂のやうな人物が一人殖《ふ》へればそれだけ社会が幸福なのである。僕の桂に感心するのは此意味に於てである。又僕が桂をば非凡なる凡人と評するのも此故である。

この「平凡なる社会」とは、保田のいう「三十年代の最高潮の日本」の社会だったことを忘れてはならない。独歩が「平凡なる社会」と書くとき、それは今日のような精神の低調な時代のことを指しているのではない。

この桂少年の愛読書が、『西国立志編』であった。『西国立志編』は、スコットランドの思想家、サミュエル・スマイルズの『Self-Help』（自助論）を、元幕臣の中村正直（敬宇）が翻訳して、明治四年に刊行され、福沢諭吉の『学問のすすめ』と並んで、明治初年のベストセラーであった。「ワットやステブンソンやヱヂソンは彼の理想の英雄である。そして西国立志編は彼の聖書である」と書かれている。

ある日、語り手は、桂少年の家に寄った。そのとき、桂少年は、一冊の本を脇目もふらずに読んでいるので、「何を読んで居るのだ」ときくと、『西国立志編』だと答えた。

「面白いかね？」

「ウン、面白い。」

「日本外史と何方《どっち》が面白い。」と僕が問ふや、桂は微笑《わらい》を含んで、漸く我に復《かえ》り、何時《いつも》の元気の可《よ》い声で

「それやア此の方が面白いよ。日本外史とは物が異う。昨夜《ゆうべ》僕は梅田先生の処から借りて来てから読みはじめたけれど面白うて止められない。僕は如何《どう》しても一冊買ふのだ」と言つて嬉しくつて堪らない風であつた。

其後桂は遂に西国立志編を一冊買ひ求めたが、其本といふは粗末至極な洋綴で、一度読み了《おわ》らない中に既にバラバラになりさうな代物ゆゑ、彼はこれを丈夫な麻糸で綴直した。此時が僕も桂も数へ年の十四歳。桂は一度西国立志編の美味《うまみ》を知って以後は、何度此書を読んだか知れない、殆ど暗誦するほど熟読したらしい、そして今日と雖も常にこれを座右に置いて居る。

げに桂正作は活《いき》た西国立志編と言ってよからう、桂自身もさう言って居る「若し僕が西国立志編を読まなかつたら如何であつたらう。僕の今日あるのは全く此書のお蔭だ。」と。

この『西国立志編』を愛読した人間、「若し僕が西国立志編を読まなかつたら如何であつたらう。僕の今日あるのは全く此書のお蔭だ」と言ったに違いない人間を、ここで挙げるとするならば、後藤新平はその代表者であろう。後藤新平は、台湾総督府民政長官、満鉄初代総裁、逓信大臣、内務大臣、外務大臣、東京市第七代市長などを務めた大政治家である。関東大震災後に内務大臣兼帝都復興院総裁として東京の帝都復興計画を立案したことでも知られる。晩年には、「政治の倫理化運動」を展開したような、普通の政治家とは違った人物であった。「西国立志編を読まなかつたら」、こういう政治家にはならなかったに違いない。

この後藤が、若き日の苦学生の頃、『西国立志編』を愛読したことについては、娘婿の鶴見祐輔が執筆した『正伝 後藤新平』（全八巻）の中に次のように書かれている。第一巻第一章「修業時代」のところである。

多くの人傑の青年期に見るような苦学力行の時期は、彼の福島と須賀川時代にもっとも よく現われている。（中略）ナポレオンが『プルターク英雄伝』に求め、リンカーンが『ワシントン伝』に求めたる刺激と奨励とを、彼は『西国立志編』の中に発見したのである。（中略）

かかるがむしゃらなる勉学の間において、彼のもっとも好んで読んだのは『西国立志編』であった。この書が発行せられるや、彼はただちに二本を購《あがな》い、一本を故郷なる弟彦七に贈り、自らもまた、飽くなくこれを耽読した。いかにこの書が、彼の精神生活に影響するところ深かったかは、それより二十幾年の後に誌せる『自叙伝』のうちに、特に、「余暇アレバ好ンデ西国立志編ヲヨム」と記しているによっても明らかである。

後藤の有名な「自治三訣」は、この『西国立志編』耽読の経験から生まれたに違いない。「自治三訣」とは、「人のおせわにならぬやう　人の御世話をするやう　そしてむくいをもとめぬやう」というものである。これは、「明治の精神」の一つの表現である。

さて、桂少年は、上京して苦学の末に、「電気部の技手として横浜の会社に給料十二円で雇はれた」。そして、五年後のある日、桂青年を会社に訪ねたとき、語り手は、感動的な場面に出会う。

桂の仕事を為《し》て居る場所に行って見ると、僕は電気の事を詳しくは知らないから十分の説明は出来ないが、一本の太い鉄柱を擁して数人の人が立て居て、正作は一人其鉄柱の周囲を幾度となく廻って熱心に何事か為して居る。最早電燈が点《つい》て白昼《まひる》の如く此一群の人を照して居る。人々は黙して正作の為る処を見て居る。器械に狂の生じたのを正作が見分し、修繕して居るのらしい。

桂の顔、様子！　彼は無人《むにん》の地に居て、我を忘れ世界を忘れ、身も魂も、今其為しつつある仕事に打込んで居る。僕は桂の容貌、斯くまでに真面目なるを見たことがない。見て居る中に、僕は一種の荘厳に打《う》たれた。

この「非凡なる凡人」は、見る者に「一種の荘厳」を感じさせるものを持っていた。また、このような「非凡なる凡人」の一心不乱に働く姿に「一種の荘厳」を感じ取る感受性を、明治の日本人は持っていたのである。「美と義」に関連して言うならば、「美と崇高」という並べ方が、カントやエドマンド・バークなどにあるように、義は崇高を孕む。崇高はまた、荘厳と言ってもいい。「一種の荘厳に打れた」とは、言い得て妙である。先に「感じ取る感受性」と書いたが、これは余り正確な表現ではなかった。「荘厳」には、向こうから「打れ」るのであって、人間がこちらから「感じ取る」のではないからである。語り手は、義に「打れた」のである。

今日の時代思潮に見られるような、「凡人」でいいという悪しき平等主義ではない。また、「非凡」に空しく憧れる卑しさでもない。「非凡なる凡人」が、人間の高貴さを持っていることをしっかりと認識するという人間観が、明治にはあった。これが、「数百万」の人々であり、明治という時代と「明治の精神」を支えていたのである。

「非凡なる凡人」の主人公、桂正作は、「今年で二十四歳」というから、日露戦争に従軍したに違いない。司馬遼太郎の言うところの「奇蹟の演出者たち」の「数百万」の一人は、このような人間だったのである。乃木大将の義のような強烈なものではないとしても、「非凡なる凡人」の義であった。この小説は、「見て居る中に、僕は一種の荘厳に打れた」という文章の後に、改行して次のような一行で終わる。

諸君！　どうか僕の友のために、杯をあげて呉れ給へ、彼の将来を祝福して！

桂正作が、日露戦争で戦死したかどうかは分からない。戦死したとしても、「彼の将来を祝福して！」という「祝福」に変わりはないであろう。それが、「明治の精神」であり、明治の義であったからである。

二　義の椅子としての桂正作の椅子

小説「非凡なる凡人」の中に、『西国立志編』についてのやりとりが出て来る前のところで「僕は一人桂の宅に立寄つた」とあり、「黙つて二階へ上つて見ると、正作は『テーブル』に向ひ椅子に腰をかけて、一心になつて何か読んで居る」。そして、次のような文章が続く。

　僕は先づ此「テーブル」と椅子のことから説明しやうと思ふ。「テーブル」といふは粗末な日本机の両脚の下に続台《つぎだい》をした品物で、椅子とは足続《あしつぎ》の下に箱を置いただけのこと。けれども正作は真面目で此工夫をしたので、学校の先生が日本流の机は衛生に悪いと言つた言葉を成程と感心して直ぐこれだけのことを実行したのである。そして其後常にこの椅子テーブルで彼は勉強して居たのである。

私は、この「箱」の椅子に「一種の荘厳に打れ」る者である。「直ぐこれだけのことを実行」するのが、「明治の精神」である。この桂正作の椅子を、私は、義の椅子と呼びたいと思う。もう二十年くらい前になるが、山口県の長府にある乃木神社を訪ねたことがある。その境内には、乃木が幼年時代を過ごした家が復元してあった。貧しい小さな家で、押し入れもないので、布団は、日中には天井から吊るすようになっていたのにはさすがに驚いたのをよく覚えている。「和製ピューリタン」の乃木ならば、この桂少年の椅子を見て、「桂君、よくぞ工夫した！」と褒めたに違いない。

三　美の椅子とポストモダン

明治が義の時代であったのに対して、戦後の日本が美の時代であったことを示す例として、明治の「義の椅子」を語った後で、「美の椅子」について書いてみようと思う。

椅子の美というものは、機能と一致して生まれるものであろう。イームズのシェルチェアはすばらしいと思うし、アールトなどの北欧椅子も愛用している。民藝の柳宗悦の息子の柳宗理のバタフライスツールまでは、美と機能のバランスがとれていていいと思う。

しかし、戦後の昭和が、美の時代であったことを示す椅子として、ここで二つの椅子を挙げよう。美が機能から流離してしまい、無意味な美に陥ってしまった例である。椅子は、機能という義を失うとき、ほとんど喜劇的なものにまで堕落するのだ。

一つは、磯崎新のモンローチェアである。昭和四十七年（一九七二）に作られた。磯崎新は、ポストモダン建築の旗手と言われたが、私は、ポストモダンなどというものに全く関心がなかった。関心がなかったというより、嫌悪感を抱いていたと言った方がいいかもしれない。これが作られたのが、昭和四十七年と改めて知ると、あの頃はこんなものがもてはやされる時代だったのだと思い返される。

モンローチェアは、その名の通り、女優のマリリン・モンローから発想を得てデザインされた椅子である。背が必要以上に高く（機能から離れて）、モンローのボディラインをなぞった曲線を描く。これに、何の意味があるのか。これが、美なのか。この椅子は、今、一脚五十万円以上もする。こういう代物が、話題になったのであり、こういう話題を作るのが才能とみられた嫌な時代だった。こういう風潮は、いまだに続いているようだが、私は、こういう贋物の時代が一日でも早く終わることを願っている。

もう一つは、倉俣史朗のミスブランチと名付けられた椅子である。倉俣は、インテリアデザイナーであり、やはりポストモダンの人である。こちらは、昭和六十三年（一九八八）のものである。造花のバラをアクリルに封入するという奇抜な構造の伝説的（？）な椅子である。まさに、「奇抜」である。この「奇抜」さは、「クラマタ・ショック」と言われたらしいが、「奇抜」なだけではないか。こういう奇抜さを競う時代だったのである。

ミスブランチという名は、テネシー・ウイリアムズの戯曲を映画化した「欲望という名の電車」に主演した女優のヴィヴィアン・リー（こちらも、女優だ）が演じた「ブランチ・デュボア」にちなんでいる。最近、この椅子は、オークションで六千七百万円以上の価格で落札されたという。常軌を逸している。

二人とも、ポストモダンの時代に流行した。ポストモダンに対しては、令和四年の十二月に九十二歳で亡くなった渡辺京二の「ポストモダンの行方」が完膚なきまでに批判している。これは、奇しくもミスブランチが作られた昭和六十三年の講演である。このような流行の絶頂にあった時代思潮に対して、これほどの根源的批判ができたのは、この講演の冒頭で、渡辺氏が自ら「浪人」と呼ぶような立場にあったことや熊本市という地方に長く（死去するまで）住んでいたということもあるであろう。東京などに生活していた「文化人」は、ポストモダンに理解を示さなければ、文化業者として生きていけなかったからである。昭和六十三年と言えば、私が『三田文学』に内村鑑三論を連載していた頃である。私は、このポストモダンなどという流行に全く背を向けて思索していた。

渡辺氏は、この講演の中で、第一次世界大戦のニヒリズムや近代というパラダイムの破壊は、何か信じ得るものを確かめたいという欲求をまだ持っていたという。合理主義、人間中心主義、進歩信仰といった近代の世界観への不信を痛切に実感すればするほど、それに代わる新しい光を求めたのだが、「今日のポストモダンなるものはそこが大違いなのです」と言って、次のように続けている。

第一次大戦前後の思想崩壊・人間不信、さらにアウシュヴィッツや広島を経験した第二次大戦後のニヒリズムは悲劇的でありました。ところが、今日のポストモダンをめぐる言説は悲劇的でさえない。近代パラダイムの崩壊は悲劇でなく解放とうけとられている。もはや悲劇も苦悩も新しい光の希求もありゃあしない。もう醒めきりしらけきっているわけで、われわれを律する一切のパラダイム・規範・根拠がうち壊されて、そこに非常に自由な空間が出現したということが、むしろ一種多幸症的な感覚で解放感をもって迎えられているのです。

「ありゃあしない」というような口調に、渡辺氏の嫌悪感がよく出ている。文化の相対主義や恣意性の理論の上に「今日のポストモダニズム的な面白文化の盛行が築かれたといってよろしい」とも言っているが、文化は「面白文化」に覆われたのである。

この「面白文化」から、義は消えていった。また、美も「面白文化」の中で、堕落していった。マリリン・モンローの曲線をなぞった椅子や造花のバラを埋め込んだアクリルの椅子が、もてはやされる時代となったのである。

義の椅子に座った人間は、『西国立志編』を読んでいた。そして、長じては、後藤新平的な「自治三訣」を実践する人物になった。一方、美の椅子に腰かけた人間は、果たして何を読むのか、何を考えるのか、あるいは何を妄想するのか。そして、作るのは「面白文化」に過ぎなかったのだ。内村鑑三の「美と義」の中の「真個の美は義の在る所に於てのみ栄える」という言葉を思い出そう。

第七章

中島敦とベートーヴェン

中島敦の精神の根本の「モラーリッシュなもの」、即ち義を覚醒させたのは、ベートーヴェンの音楽だったのではないか。

一　昭和十四年から十五年にかけてのベートーヴェン経験

神奈川近代文学館で、令和元年の九月二十八日から「中島敦展　魅せられた旅人の短い生涯」が開催されるにあたって、前日の二十七日に内覧会が行われた。その席で、乾杯の発声を指名されたので、短いスピーチをすることになった。私は、中島敦の精神が、根本的にモラーリッシュなものであり、それが近代日本文学では稀な文学を生んだ所以であると述べた。そして、このモラーリッシュという意味は、道徳的といった日本語に訳すと意味が平板になってしまって誤解を生じやすいので、やはりモラーリッシュとしか言いようがないが、それはベートーヴェンの音楽がモラーリッシュであると言える意味で、モラーリッシュなのであると説明した。

吉田秀和の『私の好きな曲』には、ベートーヴェンの弦楽四重奏曲第七番へ長調「ラズモフスキー第一番」がとりあげられている。その中で、吉田は「この曲が、私たちを打つ、その根源にあるものは、失敗の恐れにめげずに、ほとんど不可能と思われることを敢行する、そのモラーリッシュな勇気である」と書いているが、私が、中島敦の文学について使ったモラーリッシュというのも、このような意味であった。美と義の論点から言えば、義ということになるだろう。中島敦の文学は、戦前の昭和が義の時代であることを示すものに他ならない。中島敦に島木健作についての言及がある。「日記」の昭和十六年十二月八日（真珠湾攻撃の日だ）のところに、「午後、島木健作満洲紀行を読む、面白し。蓋《けだ》し、彼は現代の良心なるか」と書かれている。義の文学者の間の共鳴である。

その内覧会の席で、澤茂樹事務局長から、以前、機関紙『神奈川近代文学館』に、ベートーヴェンと中島敦の関係について書いたものが載っていると教えられた。後日、送って頂いた機関紙第一〇六号（二〇〇九年十月十五日発行）を見ると、その「閲覧室」というコーナーにまさに「中島敦とベートーヴェン」と題した文章が載っていた。文末に（資料課・北村陽子）とある。それには、「県立神奈川近代文学館蔵中島敦文庫直筆資料画像データベース」の作成にあたっている中で、中島敦が所蔵していたロマン・ロランの『ベートーヴェンの生涯』の英訳版（英訳題「Beethoven」）の巻末に付された編者による楽曲解説と楽曲リストへの書入れについて北村氏が発見したことが書かれている。

ちなみに、このロマン・ロランの名著の翻訳である岩波文庫の『ベートーヴェンの生涯』（片山敏彦訳）は、昭和十三年十一月十五日に刊行されているが、この文庫版には、「楽曲解説と楽曲リスト」は載っていない。北村氏は、次のように書いている。

鉛筆、赤鉛筆のほか「パスカル」訳稿等に使用されたのと同じターコイズブルーのインクで、数十曲のタイトルの脇に日付が記されている。これは一体何の日付なのか。今回の画像化にあたり当時の新聞と照合したところ、そのすべてが一九三九年三月から翌一九四〇年十二月にかけてベートーヴェンの楽曲がラジオで放送された日付である事がわかった。度重なる喘息の発作に苦しみながら横浜で教員生活を送り、その傍ら創作を重ねる日々において、この瀟洒《しょうしゃ》な一冊の赤い洋書を常に手元に置き、新聞の番組欄を丹念にチェックしてはラジオにじっと耳を傾けている中島の姿が浮かび上がる。

また「手帳　昭和十五年」にはベートーヴェンのレコードリストとみられる全集未収録のメモも残されている（たとえば「⑤」「⑥」は交響曲第五、六番、「トスカ」「クーセ」は指揮者トスカニーニ、クーセヴィツキー、数字はレコード番号と価格であろう）。同年二月付の二百円の直筆借用証書が示している通り、家計は当時決して楽ではなかったはずだが、多少無理をしてでも入手したいと考えた名盤リストなのだろう。

以上二点の資料は中島がこの時期、ベートーヴェンを集中的に聴き込んでいた事を示唆している。またそれは中島の作品が「光と風と夢」さらに「古譚」四編へと大きく変貌を遂げようとしていた時期とも重なる。初期作品に顕著な、自我による苦しみに彩られた文体を脱し、新たな表現を獲得しようとしていた時、中島の内部には絶えずベートーヴェンの音楽が鳴り響いていたのではないか。『ベートーヴェンの生涯』の最後は、作曲家の“durch Leiden Freude”（「苦悩を突き抜けて歓喜を」）という有名な言葉で結ばれているが、苦難の生涯から生まれたその音楽は、中島の作品創造や人生にも大きな力を与えたのかもしれない。

卓見だと思う。私は、中島敦については、三十二歳の時の「中島敦――我が胸中一片の冰心《ひょうしん》」と四十歳のときの「中島敦――漢学的伝統のラスト・スパーク」(『山月記・李陵』集英社文庫の解説)の二つを書いている。しかし、この二編においては、ベートーヴェンについては全く触れていなかった。

『中島敦全集』の第二巻には、「歌稿その他」のところに、「Mes Virtuoses (My Virtuosi)」が収められている。「シゲッティを聞く」のところに、「我が好む曲にあらねどこの人のクロイツァ・ソナタ心に沁むよ」とあり、「エルマンを聴く」のところに、「エルマンが光る頭をふり立つるスプリング・ソナタうらぐはしもよ」とある。また、「ケムプを聴く」のところに、「まなこ閉ぢベートーベンを弾じゐるケムプの額白くして広き」「いく年を専ら弾けばかその顔もベートーベンに似たりけらずや」がある。シゲッティの来日は、昭和七年であり、「クロイツェル・ソナタ」の演奏は、十二月八日である。エルマンは、昭和十三年であり、「手帳」に聴きに行ったことが書かれている。ケンプは昭和十一年であり、これも「手帳」に記述がある。

これらの記述を読んだことは読んだに違いないが、特に気にとめなかった。いずれにせよ、昭和十四年より前のことなのである。北村氏も書いているように、中島敦にとって極めて問題なのは、昭和十五年前後の大きな「変貌」なのである。「歌稿」に歌われている、ベートーヴェン経験、あるいはその他の音楽経験も、中島の初期作品に見られる軽薄さを現わしているに過ぎないと思われた。
「中島敦――我が胸中一片の冰心」の中で、私は、「変貌」以前の中島敦について次のように書いていた。ここで出て来る「我が毒」というのは、小林秀雄が訳したサント・ブーヴの『我が毒』から来ているもので、サント・ブーヴという十九世紀フランスの大批評家が、その批評の基底にある苛烈なといってもいい眼光の見たもの（それをサント・ブーヴは「毒」と言った）を書き記したものである。扉には、「此処にあるものは、毒薬の状態にある顔料だ。少し許り薄めれば色が得られよう」とある。

中島敦の形而上的苦悩は、その広さ、深さによってではなく、中島敦本人にとってのその緊急性、その切実性によって感銘を与えるのである。しかし、中島敦に教養主義というか、教養の多さ故の軽薄さが鼻につくように思われるのも否定しがたい。僕はここで中島敦についての「我が毒」を一滴たらさなくてはならないだろう……。一例を挙げれば足りる。「遍歴」という題の下にまとめられた、「ある時は」で始まる、かの連作の和歌である。

ある時はヘーゲルが如万有をわが体系に統べんともせし
ある時はアミエルが如つつましく息をひそめて生きんと思ひし
ある時はラムボーと共にアラビヤの熱き砂漠に果てなむ心

このように、ゴッホ、プラトン、ノヴーリス、パスカル、ゲーテ、ツアラトウストラ、ボードレエル、あるいは淵明、王維、老子、西行等々と古今東西の天才たちがこの五十余首の和歌に登場するのである。これを続けて読んだ者なら、この教養の広さに脱帽するのではなく、この理解の仕方が実に解説的な、通り一遍の、紋切り型の、敢えて言えば軽薄な感じを受けるのを否めないであろう。例えばボードレールとは何かに深く思いを潜めたことのある人間は決して、

ある時はボードレエルがダンディズム昂然として道行く心

などとは歌わないであろう。

「志賀直哉と葛西善蔵」という批評文の中で、正宗白鳥はまさしく白鳥ならではの鋭さで直哉について次のように書いている。

「私ははじめにこの作者には『温室育ちのお坊ちやん』風のところがあると云つた。しかし、武者小路氏とは、『お坊ちやん』ぶりが違ふ。武者氏は、正統的お坊ちやんで、お目出たいところがあるとともに、天空海闊のところがあり、物には拘《こだわ》らないのび〳〵したところもあるが、志賀氏は、その作物によつて判断すると、なか〳〵に神経質で気六《きむずか》ヶしくて細かいところによく気がつくのである。家庭の事情にもよるであらうが、生存に対する不満の影も、彼れの心に差してゐる。これで、生活難があつたら、葛西氏よりもこの方が陰気な厭世家になつてゐたであらうと想像される。」

この最後の指摘などは、何か呆れかえるしかない発想の批評だが、鋭く本質を衝いてい

るように思われる。この白鳥をして、中島敦を批評せしめたならば、次のように言ったかも知れない。

「持病の喘息や女学校の教師という、ぱっとしない職業をして生活しなければならないという生存の悪条件が、彼の人間と思想を鍛え上げたのであって、もし、強健な肉体に恵まれ長生きし、生活も困らない境遇であったなら、どう仕様もないディレッタントになっていたであろうと想像される。」

「我が毒」――中島敦について――以上である。

だから、ベートーヴェンを聴いたときの短歌を読んでも、同じような軽薄さを感じただけであった。

中島敦の「変貌」については、「中島敦――漢学的伝統のラスト・スパーク」では、伯父の斗南について「斗南先生」を書いたことから推測されるように、中島家という漢学の伝統の深い家に生まれた人間としての自覚が生まれて来たことによるものであろうと考えた。しかし、今回、ベートーヴェンをそれまでの聴き方とは違った真剣さで集中して聴いていったことを知ると、この「変貌」は、ベートーヴェンのモラーリッシュな精神に感銘を受けたことから生じたのではないかと思えて来た。確かに、晩年の「李陵」「弟子」をはじめとする傑作の傑作たる所以は、その漢学的伝統に基づく文体にあり、その文体から生まれる「硬文学」としての緊張が、中島敦の作品を深田久弥のいう「ますらおの文学」たらしめたのである。しかし、それは表現の「変貌」に関係したであろうが、中島敦の精神の根本の「モラーリッシュなもの」、即ち義を覚醒させたのは、ベートーヴェンの音楽だったのではないか。

ちなみに、楽曲解説のページに日付の書入れがあり、中島敦がラジオで聴いたと思われるのは、以下の通りである。

交響曲では、第1番(7月8日)、第2番(4月2日)、第6番(4月14日)、第7番(3月14日)、第8番(5月8日、1940年8月5日)、第9番(4月14日、1940年12月31日)。

ピアノ・ソナタでは、第1番(1月16日)、第2番(2月23日)、第3番(3月12日)、第4番(4月17日)、第7番(7月19日)、第10番(10月21日)、第12番(1939年12月17日、1940年12月21日)、第20番(12月17日)、第23番(3月28日)、第27番(3月28日、第2楽章のみ)、第32番(6月26日)。

弦楽四重奏曲では、第1番(4月11日)、第2番(5月11日)、第4番(5月1日)、第5番(12月19日、8月26日)、第8番(10月11日)、第9番(9月7日)、第10番(4月7日)、第16番(6月18日)。

楽曲リストの方に、日付とチェックが入っているのは、次の通り。弦楽四重奏曲第4番(5月1日)、七重奏曲(4月13日)、ピアノ協奏曲第3番(8月20日)、ピアノ協奏曲第4番(1939年6月2日)、チェロ・ソナタ第3番(5月22日)、2つのピアノ三重奏曲(7月6日)、弦楽四重奏曲第10番（4月7日）。

楽曲リストの方には、チェックだけが入っているものがかなりあるが、それは、交響曲第3番とか第5番とかの有名な曲が多く、それはこの時期にラジオで聴いたものではなく、これまで聴いたことのあるものをチェックしておいたのであろう。

一つ眼を惹いたのは、チェロ・ソナタ第3番イ長調のところだけに、作品番号の69に○をしていることである。これは、この曲が、よほど気に入ったということを表しているのではないか。中島敦がこのチェロ・ソナタ第3番が心に響くような人間であったことを知ると、福田恆存のことが思い出される。このことは、拙著『ベートーヴェン　一曲一生』の中の、この曲のところでも書いたことだが、福田恆存の特愛の曲が、このチェロ・ソナタ第3番であった。生前より葬式にはこの曲を掛けるように家人に言ってあり、実際に青山葬儀所で執り行われた告別式で、この曲が流されたのであった。中島敦と福田恆存が、共にベートーヴェンを愛し、特にこのチェロ・ソナタ第3番のような、言ってみれば「雄々しい」音楽を好んだということ、これは二人が「モラーリッシュ」な精神の人であったことを示しているであろう。

北村氏もその文章の最後に触れている手紙は、中島敦にとってベートーヴェンがほとんど血肉化していたことを思わせる。それは、昭和十六年のパラオからの書簡である（十一月十七日、中島たか宛）。

△十一月十六日夜、今夜は、パラオには珍しく、レコード・コンサートがあつたので、〔小〕国民学校へ聞きに行つた。あまり、いい蓄音機ぢやないが、それでも久しぶりに音楽らしいものが聞けたよ。ベートーベンの第五シンフォニイ（全部）や第九シンフォニイの終る所（おぼえてゐるかい？　オレが何時も口笛で吹いてゐたヤツさ。）など、やつたよ。

この「口笛」を吹く中島敦の姿を思い浮かべていると、哲学者のウィトゲンシュタインが連想されてくる。音楽を聴くことは、ウィトゲンシュタインの生涯の情熱であった。ウィトゲンシュタイン一家は、音楽の才能に恵まれていて、兄のパウルは、ピアニストであった。第一次世界大戦で、右手を失ったことはよく知られている。父カールの豪邸でのサロンでは、クララ・シューマンが非公開の演奏会を開いたりした。ブラームスは、その音楽の夕べの常連客であった。

ブライアン・マクギネスの『ウィトゲンシュタイン評伝』（藤本隆志他訳）には、マンチェスター時代の二十歳くらいのウィトゲンシュタインについて、エクルズという友人が見た姿が次のように書かれている。

時々はウィトゲンシュタインと一緒にハレ管弦楽団のコンサートに行ったり、エクルズにとっては「交響曲全曲」と思えるものを、ウィトゲンシュタインが口笛で吹き通すのを最後まで聴いたりはしていた。見たことのある人はみなそうなのだが、エクルズもウィトゲンシュタインが音楽に耳を傾けるときのあまりに激しい集中度に感銘を受けている。

中島敦が、ベートーヴェンを聴いたときも、「あまりに激しい集中度」だったに違いない。中島敦の口笛が、ウィトゲンシュタインの口笛のように上手であったかどうかは分からないが、このように音楽を口笛で吹く人間には、「思索家」であることが共通しているのではないか。ウィトゲンシュタインも哲学者というよりも深い「思索家」であり、中島敦も、あえていえば文学者と云うよりも「思索家」なのである。

ベートーヴェンを聴いて感動したというような経験は、多くの文学者にあるものである。そのような記述は、日記などに散見される。例えば、中原中也の日記の昭和十一年の九月二十三日のところ。

ラジオ修繕。リーグ戦を聞く。夜ベートーヴェン第三シンフォニー「ハ」短調をきく。
面白かつた。

この第三は、中原の誤記で、第五番「運命」である。中島敦の「集中度」の高いベートーヴェン経験は、そのような「面白かつた」というようなレベルの経験ではなかった。中島敦という文学者が、「変貌」する契機となるほどのものだったのである。ベートーヴェンの音楽が、文学者の創造の内部にここまで食い入ったことはなかったと言っていいであろう。

二　美の文学を突き抜けて義の文学に到れ

ベートーヴェンの音楽が、義の音楽であるということを私は言ってきた。モーツァルトが、美の音楽であると言えるのに対して、ベートーヴェンは義なのである。内村鑑三は「精神の美が義である」と言っているが、吉田秀和によれば、ベートーヴェンの音楽は「精神美の結晶としての音楽」なのである。

そういう意味で、中島敦の文学は、義の文学である。正確に言えば、晩年の傑作によって義の文学者に達したのであった。ベートーヴェンのモットーが、苦悩を突き抜けて歓喜に到れ、であったことになぞらえれば、中島敦は、美の文学を突き抜けて義の文学に到れ、であったと言えるであろう。

中島敦の卒業論文は、『耽美派の研究』であった。いかに、青年時の中島が、時代の風潮と自らの精神の混迷の中に生きていたかが察せられる。卒業論文の目次を見てみるならば、「第一章　耽美派一般」「第二章　森鷗外・上田敏・及び詩に於ける耽美頽唐派」「第三章　永井荷風論」「第四章　谷崎潤一郎論」である。このような美の世界を通過して、あるいは、このような美の世界から転向して、中島敦は、本来の中島敦を表現し得たのである。深田久弥が言ったように、美の「たおやめの文学」の風靡する中で、中島敦は、義の「ますらおの文学」を創造したのである。ベートーヴェンの次のような文章を思い出すことがあっても不思議ではない。『ベートーヴェン　音楽ノート』(小松雄一郎訳編、岩波文庫)の中の、一七九五年十二月の記述。

勇気、からだがどんなに弱っていていようとも精神で打ち克ってみせよう。二十五歳、それは男たるすべてがきまる年だ。悔をのこしてはならぬ。

有名な『ハイリゲンシュタットの遺書』の中の一節。

お前たちの子等に徳性を薦《すす》めよ、徳性だけが人間を幸福にするのだ。金銭ではない。私は自分の経験から言うのだ。惨めさの中でさえ私を支えて来たのは徳性であった。自殺によって自分の生命を絶たなかったことを、私は芸術に負うているとともに亦徳性に負うているのだ。

「中島敦――我が胸中一片の冰心」を書いたとき、前述したようにベートーヴェンのことは考えていなかったのだが、何故か音楽のことは連想していたのであって、次のように書いていた。

さて、中島敦全集を読むと確かに様々な音色が聴こえて来るようである。教養の広さから言っても無類の中島敦の全集は、言わば演奏前のオーケストラの混沌とした音の流れのように、様々な旋律の聴きとれる世界である。例えば、未完の「北方行」に長篇小説の前奏曲を聴くこともできよう。

しかし、このオーケストラがひとたび、演奏した時、それは何か決然としたもので、そのテーマは短いものであった。ただ一つの確信であったのだ。それは「男」(傍点は中島自身が打っていた)のテーマであって、これが「弟子」と「李陵」という交響詩の中で美しく決然として演奏されて鳴ったのである。

そして、「弟子」の中で「大丈夫」に中島自身が傍点を打ったところと「李陵」の中で「男」に傍点を打ったところを引用した上で、私は次のように書いた。

> このようなところでは、「男」のテーマが、四分音符だけで出来ている単純で美しい旋律のように、明確に、しかし十分な深みをもって鳴り渡っているのである。酔わせる音楽ではない。覚醒させる音楽である。中島敦は陶酔へと導くことはない、痛い程覚醒させるのである。

このように書いたとき、具体的にどのような音楽を考えていたか、憶えていないが、具体的に何かの曲をイメージしてはいなかったと思う。しかし、恐らく、ベートーヴェンの音楽の中で聴いたことのあるような、それを思わせる旋律が、私の頭の中で、「鳴り渡ってい」たのだろう。そして、今や、中島敦とベートーヴェンの深い関係を知って、三十二歳のときの私も、間違いなくすでにこの両者に共通するトーンを感じとっていたのだと思う。

第八章

同時代人、兼好法師と北畠親房

時代の移り変わりを慨嘆する世捨て人は、伝統を愛惜する。それに対して、時代の「戦塵怱々」の中で戦う覚悟をしている人間は、時代思潮の価値の動揺のただ中で正統を求めるのだ。

一　小田城址と『神皇正統記』

筑波山の南麓にある小田城址を訪ねたのは、平成三十一年の二月二日の午後であった。

次の日に、茨城県の石岡市で講演会があるので、この日に小田城址に行き、筑波山の筑波山江戸屋に泊まった。翌日、石岡市に向かう前に、筑波山神社を参拝した後、ケーブルカーで山頂に登った。関東平野が一望できる。そのすばらしい光景を眺めながら、私が思いを馳せたのは、やはり筑波山で挙兵した天狗党のことだった。天狗党については、次章でとりあげたいと思う。

小田城址には、以前から一度は訪ねたいと思っていたが、なかなかこの方面に旅をする機会はなかった。小田城址があるつくば市と石岡市では少し距離はあるが、こんなきっかけでもないと行くことはないと思ったので、冬の寒い季節ではあったが、思い切ってつくば市を経由したのである。

つくばエクスプレスの終点、つくば駅からタクシーで行った。小田城址については、イメージがあった。私が昔読んだ中央公論社の「日本の名著」の九巻『慈円　北畠親房』の口絵には、「小田城址」とあり、「撮影　本社写真部」のカラー写真が使われていた。「関東の名山筑波山南麓に、常陸の豪族小田氏の居館跡がある。小高く盛り上げられた城址の周囲には濠が巡らされ、欅《けやき》の巨木は幾百年の風雨に耐えている。延元三年（一三三八）、東国経営のため常陸に来た北畠親房は、小田治久に迎えられてこの城に入り、戦塵怱々《そうそう》の間にありながら、『神皇正統記』の筆をとったという」という説明文がついている。私が、小田城址を訪ねたいと願っていたのは、ここで北畠親房が『神皇正統記《じんのうしょうとうき》』を執筆したからに他ならない。

草木が生え放題になっている風景の中に、この「欅の巨木」が立っているなかなかいい写真で、歴史の風雪を感じさせるものであった。私の持っているのは、中公バックス版のもので、昭和五十八年刊行だが、今や四十年近く経って色が少し薄れて歴史の流れをさらに感じさせるものになっている。

同書の解説「中世の歴史感覚と政治思想」の中にも、「小田城址（茨城県筑波郡筑波町小田）」と書かれた一枚の写真があり、こちらは白黒だから一層「城址」の風情が出ている。遠望して撮られているので、中央の「欅の巨木」は孤高の威厳を持っている。ちょっと奇異な感じを受けるのは、左の方に、電柱が一本立っていて、線路が写っていることである（同解説には、「今日、関東鉄道の線路が小田駅に入る直前でこの城郭のなかを通りぬけるかたちになっている」と書かれている）。この当時はまだ、昭和六十二年に廃止された筑波線が走っていたからこの城址の中を電車が走っていた訳である。この電柱と線路という近代のものが一緒に写っていることは、この小田城址をさらに時代から忘れ去られたものに感じさせる。「欅の巨木」の周りに石碑らしきものが四本立っているのが見える。

もう一枚の白黒写真が本文中にあるが、これもいい。これは、違う方向から城址を撮ったものだが、「欅の巨木」の下の方は、刈り取られた水田になっている。この当時、『神皇正統記』は、戦前の反動もあり、時代の表面から消えていた。この城址も訪ねる人は稀であったであろう。

小田城址について、私はこの三枚の写真のイメージを抱いていた訳である。それが、実際に行ってみてそれとはずいぶん違うので、驚いたというよりがっかりした。「小田城跡歴史ひろば」というものになっていたからである。平成二十一年から七年かけて復元整備されたという。鎌倉期から戦国時代にかけて小田氏の居城があったところで、国の史跡に指定されている。きれいに復元整備された風景を見て、皮肉なことにここからは歴史が失われていると感じた。歴史は、復元整備されるものではないのだ。ここには、歴史の資料がたくさんあっても、歴史そのものはないのではないか。復元された濠の上の道を歩きながら、白黒写真にあるような以前のままの方がよかったのではないかと思った。

「ひろば」のようになっていて、私の他には誰も歩いている人はいなかった。半時間ほどいただろうか、最後の頃、小さい女の子を連れた母親が遊びに来ているのと出会ったくらいである。少し離れたところに「小田城跡歴史ひろば案内所」があって、入ってみた。この史跡の歴史が博物館的に展示されていたが、北畠親房と『神皇正統記』については、他の歴史的事物と並列で書かれているだけで、特記されてはいなかった。もっと慨嘆させられたのは、「史蹟神皇正統記起稿之地」と彫られた石碑が、案内所の脇に建てられていたことである。この石碑は、大人の背丈よりも高く、二メートル半くらいはある立派なものであるが、「ひろば」へはまだ大分ある。「ひろば」の中には建てられていないのである。

以前、小田城址を訪ねた人から（復元整備される前に違いない）、この石碑が城址の中に建っていたと聞いたことがある。私は、この石碑を見たかったのだ。前述の白黒写真には、「欅の巨木」の周りに石碑が四つ建っていたが、その一番右のものに形が似ている。本来は、「欅の巨木」の近くに建っていたに違いない。

そもそも、この関東の一地方にある城址が、昭和十年に国の「史蹟」になったのは、ここが『神皇正統記』が書かれた地だったからに他なるまい。それが、戦後の「復元整備」の際に、その石碑は、城址の外に追いやられたのである。廃棄するような処分はさすがに出来かねたのであろう。「ひろば」の中には、文字がよく読めなかったが、石碑がいくつかあった。白黒写真にあった四つのうちのものであろう。ということは、石碑のうち、「史蹟　神皇正統記起稿之地」だけがこういう処遇を受けたのである。これも、戦後という時代の虚妄を感じさせる事例である。

しかし、寒風にさらされながら、小田城址を歩いてまわったことはやはりよかった。冬の晴れた空気を通して、北の方角に筑波山が思っていたよりも近くに見える。秀峰筑波山の山容は、美しい。当時、四十七歳だった北畠親房は、この山を眺めたのだと思うと感慨深い。親房は公家の名門だから、漠然と京都か、あるいは南朝の吉野あたりで書かれたように不覚にも思い込んでいたが、こんな都から遠く離れた関東の地で、それも城の中で「戦塵忽々の間」に執筆されたとは意外だった。それを知ると、名著というものは、落ち着いた環境の中ではなく、逆に人生の「戦塵忽々の間」に書かれるものなのだという真理が腹に沁みて感じられる。

中央公論社の「日本の名著」の九巻『慈円　北畠親房』は、前述の通り、中公バックス版は、昭和五十八年に出たが、最初の版は、昭和四十六年に刊行された。戦後も四半世紀が経って、時代思潮の逆風も、少しは鎮まってきたということであろう。慈円と北畠親房の二人で一冊になっているのは、解説の冒頭に「慈円の『愚管抄』と北畠親房の『神皇正統記』とは、中世の代表的歴史書として、たがいに関連づけて論ぜられるのがつねである」という理由による。それは、普通のとらえ方であろう。しかし、この二人は、一世紀半ほども時代が違う。言うまでもなく親房が後の時代である。

私は、北畠親房と兼好法師を「対比列伝」として並べる。親房と兼好というと「人物像」はずいぶん違うが、実は同時代人なのである。私は、この二人を並べて考えたことがなかったので、親房が一二九三年生まれ、一三五四年歿、兼好が一二八三年生まれ、一三五二年歿であることを知ったときに新鮮な感銘を受けた。親房は、兼好より十歳年下であり、死去の年は二年しか違わない。この同時代を生きた人間の一人は『神皇正統記』を書き、もう一人は『徒然草』を残した。これほど興味深い「対比」は、あまりあるまい。前者は正統を主題にし、後者は伝統を愛惜した。これが美と義の問題とどう関係するかと言えば、伝統は美を重んじ、正統は義によって立つからである。

二　『徒然草』、そんなところに落ちこんではいけない

北畠親房の『神皇正統記』が、今日、ほとんど読まれていないという状況に置かれているのに対して、兼好法師の『徒然草』は、それとは比べものにならないくらいに読まれている。国語の教科書にもよく採用されているし、清少納言の『枕草子』、鴨長明の『方丈記』と並んで日本三大随筆の一つとされていることも大きい。文庫でも、岩波文庫、ちくま文庫、角川ソフィア文庫、講談社学術文庫などに入っており、現代語訳の文庫としては佐藤春夫訳の河出文庫の他いくつかある。

それに対して、『神皇正統記』は、岩波文庫だけである。「日本の名著」の『慈円　北畠親房』の巻の解説には、「この二書とも、天皇の歴代を追って歴史を語るという外形上の類似にとどまらず、慈円では『道理』、親房では『正理』と表現されるような一つの尺度によって、歴史に一定の解釈や批判を加えてゆくという、かなり共通する方法をとっている。それが古くからこの二書を、日本にはめずらしい歴史哲学の書とよんできたゆえんであろう」と書かれている。『徒然草』のような随筆が好んで読まれ、『神皇正統記』の如き歴史哲学の書が読まれないこと

には、中江兆民の「我が日本、古より今に至るまで哲学なし」という根源的な批判を思い出さざるを得ない。

角川ソフィア文庫の『徒然草』のカバーには、海北友雪の「徒然草絵巻」序段の絵が使われている。法師姿の兼好が、茅葺《かやぶき》の家の縁側のついた部屋で、硯と何も書かれていない白い紙が置かれた机の前に膝を崩して座っている。松の樹が生えている庭に、部屋は開かれている（「家の作りやうは夏をむねとすべし」第五五段）。兼好は、筆を持った右手で頬杖をついて物思いにふけっている風情である。まさに、序段の「つれづれなるままに、日ぐらし、硯にむかひて、心にうつりゆくよしなしごとを、そこはかとなく書きつくれば、あやしうこそものぐるほしけれ」の姿であろう。

この絵を見ていると、序章で引用した内村鑑三の「後世への最大遺物」の中の一節を思い出さざるを得ない。そこで、内村は、紫式部の源氏の間のことに触れ、「赤く塗ってある御堂のなかに美しい女が机の前に坐っておって、向こうから月の上ってくるのを筆を翳《かざ》して眺めている」絵について、「これが日本流の文学者である」と言った。兼好の姿についても「これが日本流の文学者である」と言えるであろう。内村は、「しかし文学というものはコンナなものであるならば、文学は後世への遺物でなくしてかえって後世への害物である。なるほど『源氏物語』という本は美しい言葉を日本に伝えたものであるかも知れませぬ。しかし『源氏物語』が日本の士気を鼓舞することのために何をしたか。何もしないばかりでなくわれわれを女らしき意気地なしになした。あのような文学はわれわれのなかから根コソギに絶やしたい（拍手）」と言い放った。

これに倣って言うならば、「しかし文学というものはコンナなものであるならば、文学は後世への遺物でなくてかえって後世への害物である。なるほど『徒然草』という本は美しい言葉を日本に伝えたものであるかも知れませぬ。しかし『徒然草』が日本の士気を鼓舞することのために何をなしたか。何もしないばかりでなくわれわれを女らしき意気地なしになした。あのような文学はわれわれのなかから根コソギに絶やしたい」ということになるであろう。しかし、今日、このようなことを言ったならば、現代の聴衆は、（拍手）するどころか、文化を理解しない、あるいは尊重しない野蛮人としてとらえて批判の声を上げるに違いない。

岩波文庫の『徒然草』の解説の末尾には、「窮極には、世俗社会の煩累《はんるい》・雑駁《ざっぱく》を越えて、自己を生かし得る、生活の閑暇《かんか》境・心身の安静境を願求しているのであって、そういう願いを抱く読者の存する限り、この『徒然草』は将来も永く生き続けてゆくものと信ずるのである」と書かれている。この南北朝の動乱を思わせる危機の時代の今日の日本でも、「そういう願いを抱く読者」が「存する」に違いない。しかし、それは本当に、「自己を生かし得る」道なのであろうか。

『徒然草』は、南北朝動乱の直前に成立した。西暦で言えば、一三三一年頃であり、『徒然草』の中には、南北朝の内乱については何の記述もないのも、その故である。兼好は、南北朝の内乱の時代になってからは、北朝側に属して京に留まった。南朝の北畠親房とは、その意味でも対比的であり、「対比列伝」としてこの二人はふさわしいのである。『神皇正統記』は、言うまでもなく、南北朝の内乱のただ中（一三三九年）に書かれた。

『徒然草』についての言及は、同時代にはない。兼好歿後、ほぼ一世紀経って、『徒然草』は、正徹が称賛して甦った。しかし、松永貞徳の「このつれづれ草も、天正のころまでは名を知る人もまれなりしが、慶長の時分より世にもてあつかふこととなれり」とあるように、慶長年間（一五九六〜一六一五）を境として、読者が増えていったという。角川ソフィア文庫の解説に、「多数の読者の獲得という視点を重視すれば、徒然草はむしろ近世文学であるとの視点も当然に成立しよう」と書かれている。『徒然草』は、精神の在り方としては江戸初期のものなのである。やはり実質的には江戸の美なのである。南北朝の義ではないのだ。前述した「徒然草絵巻」の海北友雪は、江戸時代初期の絵師なのである。

『徒然草』を、今回改めて通読してみて、やはり、無常観と美意識が強く印象に残った。「何事も古き世のみぞ慕はしき。今様は無下にいやしくこそなりゆくめれ」（第二二段）、「飛鳥川の淵瀬常ならぬ世にしあれば、時移り事去り、楽しび悲しび行きかひて、はなやかなりしあたりも人すまぬ野らとなり、変らぬ住家は人改まりぬ。桃李もの言はねば、誰とともにか昔を語らん。まして、見ぬいにしへのやんごとなかりけん跡のみぞ、いとはかなき」（第二五段）。しかし、『徒然草』は、古典には違いないが、それほどの作品であるとは私は思わなかった。

私のように若き日に小林秀雄を愛読した人間は、『徒然草』の評価については小林の「徒然草」がどうしても頭に残っていてその影響を免れにくかった。小林は、戦時中に「当麻《たえま》」「徒然草」「無常といふ事」「西行」「実朝」「平家物語」という日本の古典をとりあげた一連の批評文を書いた。これらの作品は、「モオツァルト」と並んで、小林秀雄の批評の最高峰をなすものである。

では、小林は『徒然草』について、どう書いていたか。小林の批評らしく独創的である。平板な『徒然草』と兼好に対する見方をひっくり返す。「彼は、批評家であつて、詩人ではない。『徒然草』が書かれたといふ事は、新しい形式の随筆文学が書かれたといふ様な事ではない。純粋で鋭敏な点で、空前の批評家の魂が出現した文学史上の大きな事件なのである。僕は絶後とさへ言ひたい」と書いている。「随筆」ではなく、「批評」なのだ。しかし、この小林秀雄の「徒然草」が、『徒然草』と兼好を正確にとらえているかというと疑問である。或る一面を浮き上がらせて絶賛しているようなところがある。

そもそも小林秀雄の批評は、演奏なのである。それも、グレン・グールドの演奏のように個性的である。小林が、兼好について「彼は、モンテエニュがやつた事をやつたのである」と書いたことに倣って、私は、「小林秀雄はグレン・グールドがやった事をやったのである」と『昭和史講義【戦後文化篇】(上)』に寄稿した小林秀雄論の中で書いた。グレン・グールドが、シベリウスのピアノ小品を弾いたCDがあるが、ある意味でこの凡作をグールドは、その曲の勘所を発見して見事に名作に仕上げている。

小林秀雄の「徒然草」についても、同じようなことが言えるかもしれない。小林は、末尾で、ほとんど注目されなかった第四十段を全文引用している。そして、「これは珍談ではない。徒然なる心がどんなに沢山の事を感じ、どんなに沢山な事を言はずに我慢したか」と結ぶ。「彼には常に物が見えてゐる。人間が見えてゐる、見え過ぎてゐる、どんな思想も意見も彼を動かすに足りぬ」というように、物と人間を切り取る鮮やかな批評の手腕が称賛されているのである。

普通、『徒然草』を問題にするときに出てくる無常観や過去への詠嘆などは切り捨てて、有名な段からは一切引用しない。「評家は、彼の尚古趣味を云々するが、彼には趣味といふ様なものは全くない」とさえ断ずる。では、何があるというのか。「古い美しい形をしっかり見て、それを書いただけだ」。やはり、美なのである。

「当麻」の末尾の「僕は、星を見たり雪を見たりして夜道を歩いた。あゝ、去年の雪、何処に在りや、いや、いや、そんなところに落ちこんではいけない。僕は、再び星を眺め、雪を眺めた」に倣って言うならば、『徒然草』についても、「何事も古き世のみぞ慕はしき。今様は無下にいやしくこそなりゆくめれ、いや、いや、そんなところに落ちこんではいけない」と書くべきだったろう。

三　「天地の始は今日を始とする理なり」

兼好法師が、「何事も古き世のみぞ慕はしき。今様は無下にいやしくこそなりゆくめれ」と嘆いたのに対して、北畠親房は、「代くだれりとて自《みずか》ら苟《いやし》むべからず、天地の始は今日を始とする理なり」と言い切った。時代の移り変わりを慨嘆する世捨て人は、伝統を愛惜する。それに対して、時代の「戦塵忽々」の中で戦う覚悟をしている人間は、時代思潮の価値の動揺のただ中で正統を求めるのだ。

「日本の名著」の解説には、親房が歴史における錯誤がしばしば起きることを認めているとした上で「親房の歴史観で大切なことは、そのような錯誤もやがて『正理』にかえるという深い確信である。彼が皇統の歴史を論じてもっともいいたいことは、『継体の道』はいくたびかの屈折があった、しかしいつかは『正理』が貫き『正路』にかえるということである」と書かれている。

人は昔をわするゝものなれど、天は道をうしなはざるなるべし。さらば、など天は正理のまゝにおこなはれぬといふこと、うたがはしけれど、人の善悪はみづからの果報なり。世のやすからざるは時の災難なり。天道も神明もいかにともせぬことなれど邪《よこしま》なるものは久しからずしてほろび、乱たる世も正にかへる、古今の理《ことわり》なり。これをよくわきまへしるを稽古と云。

「正にかへる、古今の理」を信じて実践することが義なのであり、北畠親房は義の人であった。現代の我々は、「これをよくわきまへしる」「稽古」をしなければなるまい。兼好は、「ひとり、燈のもとに文をひろげて、見ぬ世の人を友とするぞこよなう慰むわざなる」（第一三段）と言った。しかし、「文」を読むことは、「慰め」にとどまってはなるまい。それは、精神の「稽古」でなければならないのだ。

第九章

天狗党の行軍、あるいは巡礼

これをやりたかったのである。実は、これをやるために来たと言ってもいいのだ。浪士たちと不破亮三郎とその部下のように坂道を歩いてみて、そのときの義の光景を「上手に思ひ出」したかったのだ。

一　敦賀市新保

北陸の福井県敦賀市に新保という集落がある。北陸には、新保という名前の土地はかなりあるし、新保という苗字も少なくない。「しんぼ」と読むことが多いが、「しんぽ」とも読む。私は、後者である。

数年前、永平寺に一泊参禅に行ったとき、福井駅から直行バスに乗ったが、途中に福井銀行新保支店があった。金沢市でタクシーに乗っていたとき、新保町という道路標識を見たことがある。市内には、国登録有形文化財建造物の旧新保商店店舗もある。昔、福井の名物、水羊羹をもらったことがあるが、その箱には新保商店と書いてあった。

このように、全国的には珍しい新保という地名や苗字は、北陸ではよく見かけるものなのであるが、新保という名の場所の中でも、敦賀市の新保は特別である。何故か。水戸の天狗党がはるばると行軍して来て、ついに辿り着いた場所だからだ。

大佛次郎《おさらぎ》の未完の大作『天皇の世紀』は、幕末維新期を描いた歴史文学の最高傑作だと私は思っているが、その中に天狗党の行軍の経路について、新保のことも書かれている。

水戸の武田耕雲斎を全軍の将として、筑波勢、潮来勢の、那珂湊を脱出した総勢千余人が、十一月朔日に常陸久慈郡の大子村を出発して、下仁田《しもにた》を経て道を信州路に取り、和田峠を越えて下諏訪に出て、伊那谷を南下して、上清内路から中山道馬籠《まごめ》宿に抜け、美濃路に降りて中津川、大井を経て、揖斐《いび》まで出た。ここで彦根、大垣両藩が出兵して前途を塞いだと知って、道を転じ、谷汲《たにぐみ》街道を山に入って、蠅帽子《はえぼし》峠（這法師とも書く。健脚の行脚《あんぎゃ》僧も匍《は》うほどの険阻という意味か）を雪中に越え、越前大野郡の黒当戸に出て、更に峠越えして、木ノ本村から法（宝）慶寺を通り、小倉谷から今庄、木芽峠を越えて、越前敦賀郡新保駅に出たのが、十二月十一日のことであった。

この「新保駅」である。途中の「和田峠」と「馬籠」には後で触れることになるだろう。北陸に旅することは稀で、敦賀市には行ったことはなかったが、一度は、新保を訪ねてみたいと長い間念願していた。桶谷秀昭氏との対談の本『歴史精神の再興――明治・大正・昭和』（二〇一二年）の第二章「人間を突き動かす形而上学――水戸学と『夜明け前』」の中で、私が「天狗党の話に戻りますが、天狗党が降伏した場所が越前の敦賀の先の新保という宿なんです。そこは新保《しんぼ》と読むのですが、気になりまして一度訪ねたことがあります」と言ったのに対して、桶谷さんが「新保さんはあの辺から出てきた人なんですか」ときかれた。私は「天狗党の生き残りじゃないかと思って（笑）」と冗談めかして答えたが、全くの冗談ではなかった。心の隅に、そのようなこともありえると思い、そうであったとしたらそれを誇りにしたいという思いはあるからである。一度訪ねたいと願っていたのもそれ故である。

「一度訪ねたこと」は、今からもう二十年くらい前のことになる。勤務していた大学では、ゼミの学生の就職先に挨拶に行くという仕事があったが、その頃、敦賀市役所に採用された学生がいたのである。出かけたのは、六月だったと思う。採用の御礼に市役所を訪問した後、タクシーに乗って出かけた。運転手さんは、そんなところに何の用で行くのかと怪訝《けげん》な面持ちだった。私が、「天狗党の史跡を見に行く」と言ったら、「ああ、そうですか」と、新保に天狗党に関係したものがあるのを知らないようだった。地元出身の人ではなかったのかも知れない。「とにかく、何もない集落ですよ、帰りの足はどうしますか、バスもそんなにないですよ、待っていましょうか」と言った。

確か、三十分くらいかかったろうか。市内を抜けて、しばらくすると郊外の家並みが続き、林道のようなところに入る。そして、しばらく走っていると坂道となり、その坂道を大分登ったところで車を止めた。この先にも、坂道は続いているようで、向こうの山の中に消えていた。

ここが、新保の集落だった。道幅はやっと車がすれ違えるくらいしかない。いかにも昔の街道筋の風情が残っている。北陸トンネルが出来るまでは、温泉もあったという。新保温泉という看板や古い温泉宿が廃屋となって残っていた。トンネルの開通によって、凋れたのである。運転手さんも珍しがって、一緒について来る。武田耕雲斎本陣跡が史跡として残っていて、掲示板には、筆の字で次のように書かれていた。

武田耕雲斎
逗留の陣屋及び門
昭和三十四年十月五日
敦賀市指定史跡

水戸烈士の首領武田耕雲斎の宿陣で元治元年十二月十一日勤王の志士達八百二十余人を率いて新保に宿営し、この陣屋に耕雲斎が起居したもので、幕府の攻勢は益々激甚をきわめ、四面包囲のなかにあって、降雪の猛威に悩まされ、進退ここにきわまり烈士の気勢もついにくじかれた。そのためこの本陣でいくたびか審議ののち、加賀藩の軍門に降ったのである。

そして、「片敷きて寝《いぬ》る鎧《よろい》の袖の上に　思ひぞつもる越《こし》の白雪」という耕雲斎の歌が記されていた。

この黒々と太い筆文字で書かれた簡潔にして要を得た説明文を読んだ後、しばらくはそこを動けなくて佇《たたず》んでいた。この「つもる」「思ひ」が、私の胸に染み込んで来るようであった。敦賀市教育委員会に関係した地元の誰かが、書いたものであろうが、天狗党に対する尊敬の念が感じられる。

「八百二十余人」のうち、三百五十二人が敦賀市の松原海岸で処刑されたが、処刑された人々は、敦賀の人たちによって手厚く葬られ、後に松原神社となった。昭和三十九年には松原神社百年祭が行われた。その翌年、敦賀市と水戸市は、姉妹都市になっているが、敦賀市の水戸市への心がこの文章には流れている。

来訪者の記名用の芳名帳が開いておいてあったが、茨城県からの学生の名前が多かった。修学旅行や交流事業などでここに来るのであろう。梶山静六という名前も保存会のようなものの名簿の中にあった。竹下派七奉行の一人であった梶山静六は、茨城県の選挙区選出の国会議員であるが、後で調べたら、梶山静六の曽祖叔父の啓介は、水戸天狗党に参加して西下して、敦賀で処刑された人物だった。

部屋の方に回る。ここにも、掲示板があるが、こちらには活字で次のように記されていた。

この建物は、当時、問屋を経営していた塚谷家の屋敷の一部であり、規模は小さいが、書院造で、門・式台・下段の間・上段の間を備え、式台の柱上の三ツ斗《と》の組物などによって格式の高さをうかがわせている。

元治元年（一八六四）十二月十一日、水戸の武田耕雲斎らの一党八百余名が新保に宿営したとき、耕雲斎が陣を取ったのがこの本陣で、耕雲斎らの降伏に際し、幕府軍の先鋒を務めた加賀藩の使者と数度にわたる会談を行ったのもこの書院である。

それ以来新保陣屋とも呼ばれている。

大佛次郎が、『天皇の世紀』の中でとりあげている歴史的場面の中で実際にその場所を訪ねているのは、数か所である。真木和泉守が自刃した天王山、浦上四番崩れの隠れキリシタンが移送された津和野とかである。それらは、特にこの大歴史家の思い入れが深いところに違いない。この新保もその一つなのだ。大佛次郎が行ったのは、昭和四十四年の夏であった。今から半世紀余り前、私が行く三十年ほど前のことである。私が見た風景よりもさらに鄙《ひな》びていたことだろう。次のように書いている。

新保駅がどんな場所か自分で行ってみる気になって私が出かけたのは、この八月（昭和四十四年）の夏の暑さのさかりの時であった。無論、当時のものが何か残っているとは期待しなかった。当時慶喜が本陣を進めた琵琶湖西岸の道を海津に出て、そこから北国らしく山の緻密な青さが急に濃くなって来る長い峠を越え、敦賀に出て駅の前で木芽峠から今庄に出る道を土地の人に尋ねた。泥濘《でいねい》の深い悪路で乗用車など通れるものでないというのが返事だった。断念すべきところを、も一度思い直して、せめて新保まで出たいのだと話すと、それなら乗合自動車も通っていると言うのに力を得て出発した。鉄道のトンネルの入口を見てから、山間の道に入る。雲が山を降りて来て、雨となった。人家はなくなる。

数キロで小さい村落に出会うが、そこを離れると、また山間の道で、途中に自動車の幅だけのトンネルを二つ通り抜ける。段々と道が上り坂となって、右手の山に寄る台地に、葉原聚落が見えて来た。加州藩の先陣がここまで出て、通路を閉塞した場所だが、家の数は百軒とはなく、雨の中に烟《けむ》っていた。

更に、だらだらと坂道を登り、その間、青い山と夏草のほか何もないのだが、行く手がいよいよ山で塞がると見えた地点に、カーブを描いた坂道を挟んで、峠に入る玄関のように家々が固まっているのが、目あての新保の駅であった。

私は二十年ほど前に行ったので、その当時の記憶は余り鮮明ではないのだが、この大佛次郎の見事な描写で、タクシーに乗って行ったときの風景が少し蘇って来るような気がする。この新保での天狗党のエピソードの中で、私の心に深く焼き付いているシーンがある。降伏と決した後のことである。大佛は、次のように書いている。

翌十二月十八日、浪士の中から耕雲斎の孫武田金次郎が敦賀に出て、目付織田市蔵に降伏を届け出た。午後四時に浪士四十人ばかりと馬七、八頭を、加賀藩の不破亮三郎が新保に迎えに出て、引取って葉原に護送した。山を下ると、雪が雨となった。浪士たちは笠がない。その時、不破は自分に笠の用意があったのも用いず、部下の兵士にも着けさせず共に濡れて行ったので、その処置を見て浪士たちが感動したと伝えられた。

武田耕雲斎本陣跡の辺りをしばらく歩き回った後、私は、運転手さんに、「車を動かして坂道の下の方のあのあたりで待っていて下さい、私は坂道を歩いて下りて行きますから」と言った。そして、坂道を下りだした。これをやりたかったのである。実は、これをやるために来たと言ってもいいのだ。浪士たちと不破亮三郎とその部下のように坂道を歩いてみて、そのときの義の光景を「上手に思ひ出」したかったのだ。それは、戦後的な通念という笠を脱ぎ捨てるためでもあった。

もう一つ、私の心を打つエピソードは、加賀藩馬廻り役で、天狗党討伐軍軍監となった永原甚七郎のことである。天狗党を扱った山田風太郎の長篇小説『魔軍の通過——天狗党叙事詩』（一九七八年）の中には、「永原氏は、われわれを遇するに『義士』を以てし、加賀藩の侍たちにも、赤穂浪士を預かった元禄の細川家の話をしばしばされたそうです」とある。それが、天狗党は幕府によって無惨な終局を迎えたこととなった。

風太郎は「のちに永原氏は、『天狗党よ許せ、天狗党よ許せ』と口走るようになり、あれほどの武士の中の武士とも見えた人が、ついに精神異常を呈されるようになったという」と書いている。美は悲劇に縁がないが、義は悲劇を生む。義の主調低音は、短調なのだ。

二　「天もまさに寒かつた」

近代日本文学において、歴史文学の傑作というべきものは、大佛次郎の『天皇の世紀』と島崎藤村の『夜明け前』である。『夜明け前』について、保田與重郎は、この一冊が昭和の日本文学を支えているという言い方をしていた。小林秀雄も、「これを書いたものは日本人だといふ、ある絶対的な性格がこの小説にはある」と評した。「作者が日本といふ国に抱いてゐる深い愛情が全篇に溢れてゐる事」に「感服した」という。

そして、「最も印象に残つたところは、武田耕雲斎一党が和田峠で戦つて越前で処刑されるまで、あそこの筆力はたゞ感服の他はなかつた。地図を出し、眺めながら読んだほど、あの描写を節約した文章の力は強かつた」と、やはり、天狗党のところを挙げているのは興味深い。「あそこの筆力」「あの描写を節約した文章」は、その根本に天狗党の悲劇が流れていることから来ているのだ。

和田峠の戦いの前には、「尊攘の旗は高く山国の空にひるがへつた」と書かれ、その合戦の後には、「最早、大霜だ。天もまさに寒かつた」と藤村は、「節約した文章」で書いている。藤村は、「空」とは書いていない、「天」と書いているのだ。正気《せいき》、すなわち天地正大の気、を連想させる。天狗党に、「天」に通じるものを感じているのだ。

「馬籠」については、『夜明け前』の主人公、青山半蔵（藤村の父、島崎正樹がモデル）が、馬籠宿の本陣・問屋・庄屋であり、平田篤胤歿後の門人であったから、「印象」深く描かれている。「水戸の学問と言へば、少年時代からの彼が心をひかれたものであり、あの藤田東湖の『正気《せいき》の歌』なぞを好んで暗誦した頃の心は今だに忘れられずにある。この東湖先生の子息さんにあたる人を近くこの峠の上に、しかも彼の自宅に迎へ入れようとは、思ひがけないことであった」と書かれている。

山田風太郎の長篇小説のタイトルは、風太郎の鬼才をよく示している。武田耕雲斎一党を「魔軍」とは言い得て妙であり、その行軍は、「通過」なのである。なお、このタイトルは、三島由紀夫の「魔軍の通過」（一九五八年）という現代小説から採ったものという。三島由紀夫と天狗党との間に通ずるものも暗示しているようにさえ思わせる。「魔軍」というのは、天狗党のデモーニッシュな一面をとらえており、「天」や「正気」につながる垂直性をもっていたことをよく表現している。「通過」というのは、この六十余日に及ぶ行軍が、単なる移動ではなく、この世を「通過」する巡礼であったことを示している。

この小説の中で行軍の行程を語っているところに、山田風太郎らしい面白さで「（作者いう。）」という文から始まる注記を入れている。それは、以下のようなものである。

（作者いう。――昭和五十一年六月、作者は天狗党行軍のコースを辿ってみた。極力そのコースを同じくすべく努めたのだが、実際問題として車を利用せざるを得ないので、車で通行不可能な道はあきらめるよりほかなかった。

車のメーターは最終的に九百キロを超えた。そしてまた天狗党は、車はおろか現在では人間も通行不可能な道を踏破したことを知った。しかも彼らは、厳寒の季節に進軍していったのである。

私は、後年のいかなる天狗党長征の研究家も、そのコースを完全に再踏査した人は一人もあるはずがない、ということを確信することができた。

六月、車で走ってすら、大山岳の上や大峡谷の中で、私は立ちきわまって歎声をあげることしばしばであった。下略）

私は、大佛次郎と同じく敦賀市新保を訪ねたが、天狗党の行軍には、何か自分も実際に辿ってみたいという気持ちに誘うものがある。それは、この行軍には、宗教的な巡礼とでも言うべき要素が込められているからだ。

三　超越性と歴史意識

江戸時代後期に水戸藩で発展した水戸学は、幕末維新期に「尊王攘夷」、あるいは「国体」

思想の中心的役割を果たした。そして、日本の近代国家形成にあたって、重要な柱の一つであった。それが、敗戦によって、一転、軍国主義の根源のように見なされ、戦後はほとんど研究の対象とならなかったと言っても過言ではないだろう。水戸学は、北畠親房と同じく戦後ほとんど封印されてきたのだ。

岩波書店の「日本思想大系」には、『水戸学』の一冊はあることはあるが、その解説で尾藤正英は、「研究上の空白」という言い方をし、「水戸学や国体観念には、封建反動とか絶対主義的といった形容詞が冠せられただけで、その性格が把握し尽くされたものとみなされ、研究の視野の外に追放されてしまったのであろう」と書いた。この解説は、一九七三年である。

そういう状況の中で、翌年の一九七四年に「日本の名著」(中央公論社)の第二十九巻として『藤田東湖』が出たのは、或る意味で画期的なことであった。責任編集は、橋川文三であった。この時代に、水戸学の巻を引き受けるのは橋川文三しかいなかったであろう。しかし、大勢としては、あえて言えばタブー化されていたと言ってもいい。

そんな状況に変化の兆しが現れたのは、二十世紀の末頃になってからである。一九九七年十月に水戸学に関する著作を集めた『水戸学集成』全六巻が国書刊行会から復刻された。翌一九九八年の一月には吉川弘文館の「人物叢書」の一冊として鈴木暎一著『藤田東湖』が出て、五月には、昭和十五年に博文館から発行された菊池謙二郎編『新定　東湖全集』が、国書刊行会から復刻された。

さらにこの年の八月には、アメリカの日本思想史学者、J・ヴィクター・コシュマンの『水戸イデオロギー——徳川後期の言説・改革・叛乱』の翻訳書（田尻祐一郎・梅森直之訳、ぺりかん社）が刊行された。当時、この本を読んで、私は新鮮な感銘を受けた。

日本人が先入見なしで水戸学に近づくことが難しいのに対して、このアメリカ人は、水戸学の「テキスト」を通念に曇らぬ眼で読み取っている。古くは小泉八雲、サンソム、近くはドナルド・キーンなどの例を挙げるまでもなく、外国人の眼の方が、日本、あるいは日本文化の本質を見抜くことがままあるものだ。このコシュマンの本を読んで、日本人が自国の歴史を敗戦後という一時期の価値観によって如何に歪めてしまっているかに気付かされるのは、皮肉としか言いようがあるまい。

この本の中で、一番眼を開かされたのは、天狗党の、日光、さらに京都へ向っての行軍を、「巡礼」と言っていることであった。山田風太郎も、ついに追体験できなかった天狗党の苦難に満ちた行軍は、「軍事的」な見地からではとらえきれず、「始原への巡礼」という「象徴的」な行為なのだとしている。

コシュマンは、「水戸の活動家たちは、〈天道〉を地上に刻印しようと試みたのだ」と言う。「巡礼」という言葉で、水戸学の持つ超越性と歴史意識が言い当てられている。普通、この二つは、日本人には不足していると見なされているが、水戸学の見直しは、日本人のアイデンティティーに新鮮な光を当てるものとなるだろう。

美の日本人には余りない「超越性と歴史意識」は、ユダヤ的なものであり、水戸学は、日本人の中に内村鑑三の言う「ユダヤ的方面」があることを示している点で貴重なものである。義は、「超越性と歴史意識」に根ざしているのだ。

「超越性」は、「正気の歌」に見られるように、「天地正大の気」という超越的なものへの信仰がある。「正気の歌」の終わりの方に、「嗟《ああ》 予《われ》 万死すと雖《いえど》も／豈《あ》に汝と離るるに忍びんや」と言われるように、「正気」は「汝」と人格性をもって呼びかけられている。ユダヤ人哲学者、マルチン・ブーバーの『我と汝』を思い出さざるを得ない。ブーバーは、いうまでもなく、ユダヤ教信者であり「汝」という考えには「ユダヤ的方面」がある。

「歴史意識」について言えば、水戸学の歴史意識の背骨を成すのは、水戸光圀が始めた『大日本史』である。完成したのが、明治三十九年、実に二百五十年をかけている。この長さそのものが、日本的ではない。ユダヤ的方面が強く影響しているヨーロッパでは、この程度の時間感覚はよくある話だが、美の日本では稀である。西田幾多郎は、「我々の考えている歴史というものから見て、真に歴史といってよいものは、水戸の『大日本史』があるだけである」と言ったという。

水戸学は、戦後の価値観による封印がようやく解かれるときを迎えているのではないか。思えば、隅田川の吾妻橋の東側に住んでいたとき、散歩の途中で、「正気の歌」の大きな石碑に出会ってから三十年近く経った。昭和十九年六月に東湖会によって建てられたものであった。

首都高の高架下にこんなものがあるとは全く知らなかった私は、何か歴史の魂のようなものが、そのとき不意に出現したように感じたのだった。

第十章

「願わくば我に七難八苦を与え給え」

「艱難」の中に、深い意味を感じ取る感受性が、そこにはある。
この「艱難」のただ中に義は突き刺さるのだ。

一　広瀬町の月山富田城跡

私の母方の実家は、島根県東部の出雲地方にある広瀬町である。今は、安来市広瀬町になっているが、私が子供の頃は、能義郡広瀬町であった。

小学生のときには、夏休みに確か二回ほど母親の里帰りに伴われて兄と一緒に二週間くらい過ごした。実家は、祖父が開いた魚屋だった。引き継いだ伯父さんが朝早く境港まで魚を仕入れに出かけた。店の名物は、鯖焼きだった。腸をとった鯖一匹をそのまま竹串で刺し通し、それをいくつも並べて炭火で焼いていた。伯父さんは、夏の暑さと炭火の熱で大汗をかいていた。日本酒をコップで飲みながらやっていたように、記憶している。

東京の世田谷に暮らし、父親が大企業の勤め人だったから、ずいぶん違う生活環境だった。世田谷の方は、東京オリンピックを機に大きく風景が変わっていったが、広瀬町の方は、実家の前の道路を挟んで立ち並ぶ家々の先には大きな川が流れ、その向こうにはそれほど高くない山があり、森が続いていた。その山の名前も知らなかった。川で、従弟たちと魚を獲って遊んだものである。

出雲大社は、行く度に連れて行かれた。そのとき、何を感じたかはよく覚えていないが、古い歴史のある土地なのだということに誇りを感じたことは確かである。事実、この当時は、出雲地方の田舎の方に行けば、古代の遺物らしきものが出てくるのも稀ではなかったようである。広瀬町の近くの揖屋《いや》というところで育った従弟は、子供の頃から遺跡の発掘に熱中して、京都大学で考古学を学び、今や、考古学者になっている。

このように、私にとって広瀬町というのは、山陰の田舎の一典型であり、いわゆる日本的風景が広がっているという印象しかなかった。誇るところがあるとすれば、安来節の安来市に近いことや古代出雲の歴史が感じられるということであった。

それが、三十五歳近くになって、この広瀬町についての或る記述に出会ったのである。私が、季刊『三田文学』に内村鑑三についての批評文を八回連載したのは、一九八七年秋号から一九八八年夏号であった。その六回目の「菊花の約《ちぎり》」と題した章で、鑑三の最もクリティカルな問題である再臨信仰を、上田秋成の『雨月物語』の中の名篇「菊花の約」に表現された「武士の信義」と二重写しにして論じた。「菊花の約」の丈部左門と赤穴宗右衛門の「約」と、神の約束とそれに対する鑑三の信仰をだぶらせてみたのである。「信義」、やはり義の問題である。義とは、約束の問題でもあるのだ。

この「二重写し」というのは、私自身はそれほど意識していなかったのだが、詩人の多田智満子さんがこの表現を使われたのである。多田さんとは、連載中に開かれた三田文学会関係の懇親会で初めてお会いした。そのとき、私が連載していた内村鑑三についての話が出たように覚えているが、この連載を『内村鑑三』という本にまとめた年の翌年の月刊『みすず』の「読書アンケート」にこの本をとりあげられたのである。それには、「日本人はこの大八嶋に遍満する『神仏』を拝むが、どうもキリスト教は苦手の人が多い。そんな日本的風土の中で、もうほとんど名前しか記憶されていない明治のキリスト者内村鑑三について、このようにしっかりと本質を見据えた評論を書ける人がいようとは、まことにさわやかな驚きであった。鑑三のいわゆる無教会主義とは、たんに教会に対するアンチテーゼであったのではなく、『宗教改革の仕直し』であり、『世界史的試み』であったと、新保氏は説く。これらの論が『三田文学』に連載された当時から、私は眼を瞠《みは》って読んでいた。特に『菊花の約』は『雨月物語』の同名の小説をふまえ、日本的信義と鑑三的信仰を二重写しにした、みごとな一章である」と書かれていた。今から思うと、私がやってきたことは、「日本的信義と鑑三的信仰を二重写しにした」構図の中で、別の言い方をすればこの二つを定点とした楕円形の中で、様々な芸術や思想を批評するということに他ならなかった。

『雨月物語』は、多分大学生の頃に、岩波文庫か何かで読んで、その中の「菊花の約」には特に強い印象を受けていたのであろう。記憶の中で眠っていたものが、再臨信仰に関係して「約束」という重要な言葉をめぐってあれこれ考えているうちに、その言葉に呼び出されるように頭に浮かんで来たのだ。

そして、その章を書くに際して、引用文の正確を期すためにも、手元にあった「新潮日本古典集成」の一巻『雨月物語　癇癖談』を改めて丁寧に読み直したら、次のような条で奇しき偶然とぶつかったのである。それは、赤穴宗右衛門が丈部左門の問いに答えて「己が身の上をかたりていふ」ところである。

故《もと》、出雲の国松江の郷に生長《ひととな》りて、赤穴宗右衛門といふ者なるが、わづかに兵書の旨を察《あきら》めしによりて、富田《とみた》の城主塩屋掃部介《えんやかもんのすけ》、吾を師として物学びしに、近江の佐々木氏綱に密《みそか》の使にえらばれて、かの館《みたち》にとどまるうち、前の城主尼子《あまこ》経久、山中党をかたらひて大《おお》三十日《みそか》の夜不慮《すずろ》に城を乗りとりしかば、掃部殿も討死ありしなり。

ここの「富田」に付けられた注を見たら、「島根県能義郡広瀬町にある。『とだ』と訓むのが正しい。現在も立派な山城を示す月山城跡がある」とあって、大変驚いた。赤穴宗右衛門が「菊花の約」を果たすために、「みづから刃に伏」すのも、閉じ込められたこの富田城である。この富田城は、「大三十日の夜不慮に城を乗」っとられてからは、尼子氏の居城として毛利氏に滅ぼされるまで中国地方支配の拠点となる。子供の頃、遊んだ川が富田川という名前であることもそのとき知った。

私は、「菊花の約」の重要な舞台が、母方の実家の広瀬町にあることを知って、言い知れぬ喜びを感じた。それ以来、もう一度広瀬町に行って富田城址を訪ねてみたいものだと思い続けていたが、平成六年（一九九四）の十月末に実現した。『内村鑑三』を上梓してから四年後だった。

隠岐島で、『隠岐島コミューン伝説』という著作がある評論家の松本健一さんが企画したセミナーがあり、それに参加するのを利用して、家内と一緒に行くことにした。実に三十年ぶりであった。

夜行寝台列車の出雲3号で、東京駅を夜九時過ぎに出発して、翌朝の十時頃安来駅に着く。それから、バスに乗って二十分くらいで終点の広瀬町に入る。バスを降りて実家の方へ歩いて行く。何といっても島根県は過疎地だから、街並みや風景は余り変わっていないようだが、ほとんど記憶がなかった。本屋と雑貨屋を一緒にやっているような店があったので、正面のガラス戸を見ると、富田城城下町復元図なるものの広告が貼ってあった。中に入って、一部買い求めた。そして、店のおじさんに、富田城址のある月山はどこか、と聞いたら、店の外に一緒に出て来て、店の後方の山並みの中で、いかにも山城にむいていそうな山容の山を指して、あれだといった。せいぜい標高二百メートルくらいのものだろう。

実家に着いて、親戚の何人かと久闊を叙した後、その年には八十歳になっていた伯父さん（もう息子に店の経営を任せていたが、鯖焼きはまだやっているようであった）と私より少し年上の従姉が、道案内をしてくれることになり、四人で出発した。月山の麓には、広瀬町の資料館があって、そこまでは車で五、六分であった。その資料館で月山富田城址についてのパンフレットをもらって、それを見ながら登って行った。そのパンフレットの中で、大きくとりあげられていたのが、山中鹿之介であった。それまで、私は、山中鹿之介という武将について余り意識したことはなかった。しかし、その人物と生涯については大体知ってはいた。テレビの時代劇で戦国時代を取扱ったものなどに、よく（しかし、脇役として少し）登場していたからである。

山中鹿之介は、月山富田城を居城に山陰を治めた尼子氏の家臣である。勢力を拡大してきた毛利氏にこの山城を攻め落とされ、尼子氏が毛利氏の軍門に下った後も、鹿之介は一途に主家の再興を計って幾多の戦いを続けた末に捕らえられた。そして、ついに謀殺された悲運の武将である。新潮社の編集者で井伏鱒二の担当だった藤野邦康さんと何かのことから尼子氏について話していたとき、井伏が、尼子はいつも負けてばっかりいるんだよと独特のペーソスをこめて語っていたと聞いたことがある。

その山中鹿之介の大きな銅像が中腹に立っていたが、先に引用した上田秋成の文章の中に、「山中党」とあったように、確かに富田城に拠点を置いた尼子氏といえば、山中鹿之介なのであった。山頂までは、小一時間の道のりである。途中には、「現在も立派な山城を示す」石垣が、何か所か残っていた。秋の美しい花や柿の実の色に眼を奪われながら、昔、私が夏休みに来た頃の思い出などで話がはずみ、かなり急な勾配の坂道も、余り苦にならなかった。

少し息を切らしながら、やっと山頂に達したが、城の遺跡はもう何も残っていない。曇りがちの午後であったので、視界は余りよくなかったが、よく晴れた日には、松江の方向に中海が見え、さらには次の日に渡る隠岐島まで望見できるとのことだった。これは、四百年前の鹿之介の時代も変わりあるまい。山頂にある山中鹿之介の碑の前で、写真を撮った。

しばらく休息した後、下山して、実家まで車で富田川沿いに走りながら、三十年前に川遊びをした場所はどの辺だろうかと探してみたが、十数年前に上流にダムが出来て水量が減り、川原の風景が一変してしまっていた。この辺だったのよ、と従姉に教えられて、車を降りて、周りの景色を見渡すと、今登った月山が丁度斜め前方にあるのだった。ということは、当時、何も知らずに、富田城址の下の方で遊んでいたことになる。時々は、月山も眺めたに違いない。これも、或る「約」の下にあったということであろうか。

二　山中鹿之介から松平不昧公へ

私は、月山富田城址に登って遥かなる山中鹿之介にやっと出会ったのである。ここまで島根県の広瀬町などについて長く書いたが、これは、私のような戦後生まれの日本人にとって、山中鹿之介という武将が、ずいぶんと遠い存在であることを象徴的に示したいからに他ならない。それと、歴史上の人物と出会うということは、その人物についての知識を得るということとは全く別のことであることを言いたいからだ。邂逅がなければ、真に対象を知ることはできない。小林秀雄は、「無常といふ事」の中で「記憶するだけではいけないのだらう。思ひ出さなくてはいけないのだらう。多くの歴史家が、一種の動物に止まるのは、頭を記憶で一杯にしてゐるので、心を虚しくして思ひ出す事が出来ないからではあるまいか」として、「上手に思ひ出す事は非常に難かしい」という名言を書き記した。私は、月山富田城址で、山中鹿之介を「上手に思ひ出」したように思われる。

実は、鹿之介は戦前にはかなり有名な武将であった。明治に入ってからは『尼子十勇士伝』をはじめ、立川文庫の一冊『山中鹿之助《ママ》』などによって、鹿之介は国民的英雄になっていく。そして、昭和十二年度から使用された『小学校国語読本尋常科用巻九』には「三日月の影」という作品が載っていた。少年時代の鹿之介が兄から先祖伝来の冑を譲られて感激し、山の端にかかっている三日月を仰いで、「願わくば我に七難八苦を与え給え」と祈ったという話である。これにより、当時の少年少女によく知られた歴史上の人物となった。

成人した鹿之介が、七難八苦に耐えて何をしようとしたかというと主家である尼子氏の再興であり、どんな困難にも打ち勝って主君のために尽くそうという精神は、戦時中の忠君愛国の時代思潮に適合するものでもあった。戦前は、このように忠義の士としての人物像が形成されていたのであった。

しかし、戦後は一転して、この忠君愛国の精神の涵養に利用された人物像が災いして、鹿之介は否定的にとらえられるようになってしまった。戦前と戦後で、はっきり評価が変わってしまった人物は、第八章でとりあげた北畠親房をはじめとして数多いが、鹿之介もその典型の一人であろう。

『鬼平犯科帳』、『剣客商売』、『仕掛人・藤枝梅安』などで知られる池波正太郎に、山中鹿之介をとりあげた『英雄にっぽん――小説山中鹿之介』（昭和四十六年）がある。集英社文庫（平成十四年の改版）の解説（縄田一男）には「戦後、この武将を主人公にした長篇は、長い間、本書のみであったように思われる」と書かれている。事実は、松本清張と中山義秀が、書いている。清張は、昭和三十年前後に、武田信玄、徳川家康、黒田如水などをとりあげた歴史小説を執筆しているが、その中の一冊である。山中鹿之介について書いたものは、雑誌掲載後一度も書籍化されることがなかった。凡作であると本人も知っていたからであろう。平成二十七年に初めて一冊となって刊行されて、翌年文庫化された。私は、この文庫本を読んだが、つまらない作品であった。根本的には、山中鹿之介という人物に深く共感するところがないからである。

義秀のものは、昭和二十八年七月から翌年の一月にかけて『日本経済新聞』に連載されたもので、徳間文庫にも入っていた。しかし、この長篇は、不思議なことに、およそ一年間の時期が描かれたばかりで、いわば未完に終わっている。戦後の風潮の中で、評判がよくなかったからかも知れない。

鹿之介に対する共感のなさという点は、池波正太郎の作品についてもいえる。

「問題なのは、鹿之介の人間像の捉え方である」と縄田氏は、指摘しているが、確かにこれが問題である。戦後全くとりあげられなくなった山中鹿之介を、主人公にして長篇小説にしたのは「長い間、本書のみ」だったことを称賛することはできないのである。『英雄にっぽん』というタイトルに感じられるのは、「にっぽん」というひらがなで書いていることから分かるように、日本に対する軽侮である。山中鹿之介は、英雄ではあるが、「英雄にっぽん」なのである。「にっぽん」的な英雄なのである。それは、次のようなところに出ている。一つは、鹿之介が織田信長と初めて対面した後のこと。


広間を出て、三階の居室へもどった織田信長は、侍臣にこういった。

「あの山中鹿之介というやつ、いまどき、めずらしき男じゃ」

信長の顔に、苦笑がうかんでいる。

「うまく尻をたたいてやれば、よろこび勇んではたらくことであろう」

信長の声には、あきらかに（人のよい田舎ものめ）という軽侮のひびきがあった。

「うまく、あやつっておけい。われらの役に立たぬこともあるまい」

もう一つは、羽柴秀吉が、上月城その他を攻め落とし、ここに播磨一国を制圧したので、近江・安土城の織田信長のもとに帰って、報告する場面。

「これにて、毛利攻めの仕度が、ととのいましてございます」

と、報告をし、信長もまんぞくそうに、

「尼子党は、よう、はたらいたそうな」

「ははっ。上月攻めの折の、山中鹿之介をごらんにいれとうござりました」

秀吉は、いささか昂奮ぎみになり、戦場における鹿之介の勇猛きわまる戦闘ぶりを語るや、

「ふむ……」

かすかに笑った信長が、

「小さな山城ひとつ、攻めとるにはうってつけの男よな」

事もなげに、いいはなったものである。　（傍点原文）

決定的なのは、毛利元就の死を知ったときのことである。

元就の死をきいた山中鹿之介は、

「天、いまだ、われを見捨てたまわず!!」

躍りあがってよろこんだものである。

このときの鹿之介の心境は、昭和の大戦中にアメリカ大統領・ルーズベルトが死んだので、アメリカの攻撃がにぶるにちがいないとおもいこみ、

「万歳!!」

を叫んだという日本軍将官の——それも支那大陸の奥地あたりに押しこまれていた一部

の将官たちの心境に似ているようだ。

この最後の記述からもうかがえるように、池波正太郎の山中鹿之介に対する軽侮の念は、作者自身の戦時中の経験が関係している。戦後日本の経済的繁栄の中で、『鬼平犯科帳』などがテレビドラマとして人気を博した大衆作家は、山中鹿之介をこのようにしか書けなかったのだ。清張にしても、「いつも大敵に挑みながら、一生を思う存分に暴れた」人物として書けただけである。

江戸時代の頼山陽は、「虎狼の世界に麒麟を見る」と詠った。明治では、勝海舟が山中鹿之介を『忠臣蔵』の大石良雄（内蔵助）と並べて評価している。海舟は、有名な『氷川清話』の中で、「潔癖と短気は日本人の短所」ということについて語っているところで鹿之介の名前を出している。ただ死ぬことを軽んずるばかりを武士の本領とする教育が行われて、一般の風潮がとかく一身を潔くするのを良しとするようになったこと（これは、人生の美学と言えるのかも知れない）を惜しみ、「こういう風な潔癖と短気とが、日本人の精神を支配したものだから、この五百年が間の歴史上に、逆境に処して、平気で始末をつけるだけの腕のあるものを求めても、おれの気に入るものは、一人もない。しかし強いて求めると、まあ大石良雄と、山中鹿之助《ママ》との二人サ」といい、「山中鹿之助《ママ》が、貧弱の小国をもって、凡庸の主人を奉じ、しばしば失敗して、ますます奮発し、斃れるまでやめなかった」ことを称賛している。大石内蔵助と山中鹿之介は、義の人なのである。

この大石内蔵助と第四章でとりあげた山本常朝は、奇しくも同年の生まれである。そして、『葉隠』の中で有名なものの一つに、赤穂義士への批判がある。「日本の名著」の『葉隠』の訳で示せば「赤穂浪士の仇討も、泉岳寺で腹を切らなかったのが落度と言うべきだ。それに主君が死んで、敵を討つまでのあいだが長すぎる。もしもそのあいだに、吉良殿が病死でもなされたときにはどうにもならないではないか。上方の人間は小利口だから、世間から褒められるようにするのは上手である」と皮肉っている。ここにも、佐賀藩の田舎武士の「上方の人間」に対する僻みが出ているように感じられる。美の山本常朝の言う仇討とは、直ぐに駆けつけ、敵が多数であろうとも斬って斬って斬りまくり、運がなければ死ねばいいという「知恵も業もなにも要らない」「死狂い」であった。

山中鹿之介の精神の核心は、三日月を仰いでの祈願「願わくば我に七難八苦を与え給え」にある。これは、よく考えると不思議な祈願である。「願わくば我に幸いと富を与え給え」と多くの日本人、いいかえれば美の日本人は祈願する。三日月ではなく、占領下に形成された「戦後民主主義」という偶像に「願わくば我に安楽平和を与え給え」と戦後の日本人は頼っている。しかし、山中鹿之介の「我に七難八苦を与え給え」とは、内村鑑三の言う「ユダヤ的」なものである。「我に勝利を与え給え」と山中鹿之介は祈ったのではない。「艱難」の中に、深い意味を感じ取る感受性が、そこにはある。この「艱難」のただ中に義は突き刺さるのだ。

関ヶ原の戦いの後、出雲の中心は、松江に移った。山城の月山富田城から、平城の松江城に代わった。松江城は、美であり、国宝である。そして、美の江戸時代の中期には、藩主として「松平不昧公」こと松平治郷という大名茶人が登場する。稀代の数寄者大名とも言われる。義の山中鹿之介から美の松平不昧公へと時代は移ったのである。

十数年前に、広瀬町に久しぶりに行く機会があった。安来市にある美術館として有名な足立美術館に寄ってみたが、その周辺に所々のぼりが立っていた。何ののぼりだろうと思ったら、山中鹿之介を大河ドラマに、というようなことが書いてある。NHKの大河ドラマの主人公に、山中鹿之介がなることは地域の活性化につながるとの思いからであろう。地域の英雄を大河ドラマの主人公にと願っている地方自治体は多いらしく、運動もしていると聞くが、義の山中鹿之介は、残念ながら当分難しいだろう。美の『源氏物語』の紫式部が、令和六年の大河ドラマの主人公になったようなNHKと時代思潮だからである。令和七年の大河ドラマに至っては、江戸時代中期の吉原であり、浮世絵と戯作の世界である。太平の世の緩んだ美が、「一種の平民的虚無思想」の基調の上に描かれるのであろう。

終章

義は俠骨によって立つ

俠と義は、地下茎でつながっているのではないか。俠のない義は、形式的なものに堕す。日本人においては、俠とは義が血肉化したものではないか。

一　遥かなる江差

「名曲アルバム」という五分間のテレビ番組がある。今は、ＮＨＫのＢＳで早朝の五時五十五分から放映している。主としてクラシック音楽の名曲をとりあげて、それを五分間に編集、曲や作曲家に関係した街や自然の風景、あるいは歴史的文物などの映像を流す。

先日、「江差追分」をやっていた。クラシック音楽以外のものをとりあげるのは珍しいが、「江差追分」は、日本の代表的な民謡だからであろう。その「名曲アルバム」は、冒頭に、北の海の荒波の光景が映され、やがて港の海の上を一羽の鷗が飛んでいる映像が流れる。テロップは、江差が、北海道南西部の日本海に面した町であるとの文章から始まり、この町が明治期にニシン漁で繁栄したこと、そして大正になって衰退していったことなどを紹介していた。

「江差追分」については、以前『江差追分物語』（館和夫著、道新選書、一九八九年刊）を読んだことがある。追分とは、そもそも街道の分岐点をいい、当然、全国各地にこの地名がのこっているが、なかでも軽井沢の追分がよく知られている。中山道と北国街道の分岐点であった。軽井沢に滞在していたとき、その先の信濃追分駅まで行って、軽井沢追分の分去《わかさ》れの周囲を歩いてみたことがある。この「分去れ」という地名は、味わい深い。街道の分岐点では、当然無数の別れがあった訳であり、その追分から追分節という民謡の代表的な形が生まれてきたことは、別れというものが人間にとって最も切実な感情をもたらすものであることからも、納得できることである。

「信濃追分」という追分節は、宿駅信濃追分で、飯盛女《めしもりおんな》が酒席の座興に歌いだした三味線伴奏の騒ぎ歌を元としている。それは、この街道付近の馬子唄《まごうた》の節を母体としているという。馬子にしても、飯盛女にしても、言うまでもなく、苦しい境遇にある人々であり、そういう生活の中から、あるいは別離から追分節が自然に発生して来たのであろう。

これが越後に伝わって「越後追分」となり、さらに日本海沿岸を北上して、「酒田追分」「本庄追分」「秋田追分」などそれぞれの節回しの追分節として展開していった。そして、ついに天保年間（一八三〇〜四四）の頃、北前船によって北海道の地にたどり着き、定着した。それが「江差追分」である。館氏は、当時の松前藩の施政下、過酷な状況があったことに触れた後で、「過酷な労働を余儀なくされた人々こそ災難であったといわなければならない。つまり、大勢の出稼ぎ漁夫やその家族、小前の百姓達、旅芸人や花街の女といったような下積みの人々である。江差追分は、何よりも、まずそのような人々の胸奥からほとばしり出た魂の叫びであった」と書いている。

私は、「江差追分」の流れる中、映し出される町並みや漁船などを見ながら、懐かしさに堪えなかった。というのは、私の本籍地は、江差だからである。正確に言えば、私が二十歳頃に、父が当時住んでいた横浜市に本籍を移したから、今は本籍地ではないのだが、私の意識上の本籍地は、いまだに江差である。子供の頃は、東京の世田谷に住んでいて、学校の書類などで本籍地を記入するとき、本籍地が現住所と同じ、あるいはどこかの都会の友達の中にあって、子供心に自分が何か「遥かなる」ところから来たる者という感じを持ったことを思い出す。「名曲アルバム」のテロップには、「北前船は一獲千金を夢見る多くの季節労働者を江差に運んできた」「彼らは危険な船旅を乗り越え、たどり着いた江差でニシン漁を支えた」「寒風と荒波にもまれる冬の漁、離れた家族を養うために必死で働いた」とある。祖父は、戦前に中国の徐州で死んだので、その生涯のことはほとんど知らない。江差で商店を開いていたというから、「ニシン漁を支え」ていたわけではないが、このような人々の間で「必死で働いた」に違いない。

生まれたのは、父が当時勤務していた仙台だが、四歳で東京の世田谷に移ったので、仙台時代の記憶はほとんどない。かえって、住んだこともない江差の方が、私の意識の上に重みを持っている。

懐かしさと書いたが、大学時代に北海道旅行のついでに寄っただけで、そのときには特別な感情は湧かなかったように思う。その後、やっと五十代半ばになって訪ねることになったのは、やはり人並みに自分のルーツを確認したくなったからに違いない。しかし、それだけではなかった。戊辰戦争のときの江差の歴史に関心が高まったからである。徳川幕府がオランダに注文して建造した当時最強の軍艦、開陽丸が沈んだのは、江差港の沖だったのである。

この史実を知ったのは、司馬遼太郎の「街道をゆく」シリーズの第十五巻『北海道の諸道』

によってだった。私は、幕末維新期の歴史を、大佛次郎の『天皇の世紀』を熟読することで学んだのだが、この未完の大作は、戊辰戦争については北越戦争の河井継之助の死で終わっていて、函館戦争についてはは書かれていなかった。だから、開陽丸の最期については知識が抜けていたのである。『北海道の諸道』の中で、開陽丸は「開陽丸」「政治の海」「開陽丸の航跡」「江差の風浪」「海岸の作業場」の五つの章で触れられているが、「江差の風浪」の中に、次のように書かれていた。

榎本武揚が開陽丸以下の艦隊に陸兵を満載（海陸兵三千五百人）し、厳冬の蝦夷地へむかったのは、当然のことながら徳川家臣団としての独立共和国をつくるつもりであった。

（中略）

このとき松前半島への作戦を指揮したのは新選組の土方歳三（五稜郭政府の陸軍奉行並《なみ》）であった。榎本はあらかじめ土方と話し合い、

「江差の攻撃を開陽がお手伝いする」――

と約束し、海陸が江差で落ちあう日も決めた。さらにはみずからこの旗艦に搭乗して函館を出港した。政府総裁自身が艦を指揮したのは、開陽丸の初陣にあたって自分が後方にいる手はないと意気込んだからに違いない。

開陽丸が江差沖にあらわれたのは土方と約束した十一月十五日（新暦十二月二十八日）

の夜明け近くであった。対岸の山々の雪が黎明とともに白くうかびあがって来るのを榎本は艦首に立って眺めていたが、山を背負って海浜に人家をならべる江差は、なにやら静かであった。

「どうも、敵も味方も居そうにない」

榎本は望遠鏡をのぞいてはつぶやいた。

たしかにそうであった。この時期、味方の土方軍は江差まであと五、六キロという上ノ国付近で松前兵の抵抗に遭って行軍が手間どっていたし、江差を守る敵の松前藩兵は状況の不利に耐えかねて撤退してしまっていた。

江差港は、港外の鷗島（弁天島）が港を風浪から守っている。松前藩はかつてこの島に砲台を築いていたが、この朝、その砲台も沈黙していた。ためしに射ってみようと榎本は思い砲門をひらき、砲弾を送ってみたが、応射して来なかった。

このあと榎本は短艇を出して兵員を上陸させると、町に敵も味方もおらず、難なく諸役所を占領した。榎本自身も、上陸した。多くの者が、ぞろぞろ上陸した。

艦は、ちょうど門外につながれた空馬のように、港外に錨をおろして停泊した。

それが、その日の夜、九時頃から、風浪が激しくなり、その荒天の中、暗礁に乗り上げて破船してしまう。暴風は終夜やまずに、その後、四日もつづき、十数日後に、海底に沈んだ。わずか三年ほどの短命な船であった。この不運も、何か江差にふさわしいように感じられる。

この江差沖で座礁、沈没した幕府の軍艦、開陽丸が平成二年に復元されたことを知って、一度見に行きたいと思っていたのである。それが、偶々《たまたま》函館に用事ができたので、行ってみることにした。十一月も末のことだった。

函館から江差線の終点、江差駅には二時間半くらいかかる。この江差線も、平成二十六年に廃線になってしまった。駅からタクシーで開陽丸に行くことにする。日本海に面した国道に出て、しばらくすると、開陽丸が遠くに浮んでいるのが見えて来る。車が進んでいくに従って、軍艦がどんどん大きく見えて来るのは心を高ぶらせる光景であった。なかなかの威容である。その姿は戊辰戦争のときと変わってはいまい。

艦内に入りそこに並べられた展示物を見ながら一巡した後、甲板上に立って寒風に曝されながら周りを見渡した。鷗島がすぐそこにある。その後、町を歩いてみた。余り人はいない。姥《うば》神《がみ》大神宮に寄った。というのは、昔書いた本籍が、記憶が正しければ、北海道桧山郡江差町字姥神九〇だったからである。この神社の近くに違いなかった。日帰りのこともあり、その他には、江差追分会館に行ったくらいである。

今、調べてみると、旧檜山爾志郡役所前に、土方歳三の嘆きの松というものがあるという。伝えられるところでは、土方歳三と榎本武揚は、座礁した開陽丸をこの地で眺め、土方が嘆きながらこの松の木を叩いた。その後、松の木に瘤ができてそこから曲がっていったとのことで、この瘤は土方歳三のこぶしともいわれている。この話は、同じく戊辰戦争の際の上野戦争で、十代で彰義隊に参加した戸川残花が、明治になって詠んだ俳句「玉疵も瘤となりたるさくら哉」を思い出させる。

私が、江差に心惹かれるのは、北方的なるものに対する共感が根本にあるが、その繁栄と衰退の歴史と貧しさと苦難の風情がそれを増幅しているように思う。「江差追分」という民謡は、その歴史の哀愁を凝縮したような唄である。そして、その江差が、戊辰戦争のときに開陽丸が沈没した場所という歴史的な意味を持った町であることは、一層私の江差に対する思いを誇らしいものにする。江差という町の歴史には、ニシン漁の衰退にからんだものをはじめとして有名無名を問わず、嘆きの瘤が多く出来ているようである。

江差のことで私にとってもう一つうれしいことがある。それは、「海ゆかば」や交声曲「海道東征」の作曲家、信時潔に関係したことである。信時は、私にとって宿命的といってもいいほどの極めて重要な批評の対象だった。その信時は、校歌を九百曲ほども作っているが、江差町立南が丘小学校の校歌が、信時の作曲によるものなのである。

二　明治辰巳實有此事

江差から日帰りで戻った夜は、函館で一泊し、次の日は、市内を散策した。函館は、親戚が住んでいたこともあり、大学生のときに江差に行ったときに寄ったことがある。一度しか行ったことがないが、函館という街には、何か心惹かれるものがある。函館というと、石川啄木の短歌「函館の青柳町こそかなしけれ友の恋歌やぐるまの花」を思い出す。函館という街の抒情は、これで尽きている。石川啄木一族の墓が、函館山南端の立待岬近くにあり、訪ねた。津軽海峡の寒風が吹きつける中、将棋の駒のような形をしてどっしりとした重量感のある墓石に対した。上の方に啄木一族の墓とあり、墓面には短歌「東海の小島の磯の白砂にわれ泣きぬれて蟹とたはむる」が刻まれている。啄木は函館で眠ることを願ったほどにこの街に愛着を抱いていたのか。盛岡生まれの啄木は、やはり北方の精神の人である。この墓石は、樺太の北緯五十度線にあった日露境界標石を模したものだという。

函館といえば忘れられないものは、函館戦争である。五稜郭に行くことは行ったが、観光スポットになっているようですぐに出た。私は、何よりも碧血碑《へきけつひ》に行きたかったのである。碧血碑は、函館戦争旧幕府軍戦没者の慰霊碑である。土方歳三や中島三郎助父子をはじめ、約八百名の将兵を慰霊するために明治八年に建てられたものである。

小林秀雄の親友で小林と共に昭和の文芸評論家として知られる河上徹太郎に、「大鳥圭介南柯の夢」という少し珍しいものがある。昭和三十年三月『別冊文藝春秋』に発表された。大鳥圭介は、幕末の歩兵奉行であり、伝習隊を結成し、戊辰戦争では函館の五稜郭政府の陸軍奉行であった。

河上の先祖は、倒幕側の長州勢（吉川藩）に属し、夫人は大鳥圭介の令孫であった。こういう私的な背景が、河上の作品の中では数少ない歴史物を書かしめたのである。慶応四年四月に、伝習隊歩兵四百五十人を率いて江戸を脱出するところから書き起こされ、会津などを転戦して、ついに函館の五稜郭に入る。そして、新政府軍と激戦の末に、五稜郭政府総裁の榎本武揚らの幹部とともに投降したところで終わる。

この歴史物の中で、河上は、大鳥圭介が転戦した跡を訪ねているが、函館に行ったときの記述の中で、次のように碧血碑のことが書かれている。

> 図書館は函館山の北麓、人気のない公園の中にあり、周りには疎《まば》らな樹や児童の遊戯台などが雪に埋もれて立つてゐた。帰りに序《ついで》だから見てゆけ、といつて、近所の碧血碑に案内された。それは図書館裏手の、もつと函館山に近い所、といふよりも山をかなり登つた小高い所に建つてゐた。膝を没する雪をかき分けて、漸くどす黒い松林に囲まれた碑に達する。どんより曇つた雪空の下で、山を真南にしてゐるので、午後四時といふに薄暗い。眼下に大森浜の波が鉛色に打ち寄せてゐた。
>
> この碑は表に大きく楷書で碧血碑と書き、裏には
>
> 明治辰巳實ニ有二此事一
>
> 立二石ヲ山上ニ一以表ス二厥《ソノ》志ヲ一

明治八年五月

とあるだけで、何の叙述も詠歎も署名もない。然しこれが函館戦争で戦死した全「賊軍」方の遺骨を合葬したもので、戦後柳川熊吉といふ俠客が建てようとして、屢々官憲に弾圧され、その後出獄した大鳥圭介が漸く許可を得て、明治八年にこれを建てたといふことである。碧血とは、孤忠の丹心三年にして碧石と化す、という故事から来ている由。殊に裏の文句は、官憲の忌諱を慮つて何も具体的に書かず、しかも万感籠つた追悼と恨みを述べてあます所がない。稀代の名文句である。これも圭介の文であらうか？　彼は、漢学は達者だが、それにしても出来過ぎてゐる。然し、表の碧血碑の字は、彼のものとされてゐる。「どうでせう？　御鑑定願へませんか？」と人々にいはれて、私は恐れ入つた。「私は彼の楷書は初めてなんで」といったが、これはさういへば、さうらしくもある。

私が、碧血碑に行ったのは、十一月末の晩秋の午後であった。まだ雪はなかったが、「どす黒い松林に囲まれ」て立っていることは同じであった。もちろん、私の他に誰もいない。しーんとしている。六メートルもあるかと思われる大きな碑に向かって立った。何か霊気が漂っているようである。裏に回って、「明治辰巳實有此事云々」の文字を見る。確かに、これは、河上がいうように「稀代の名文句」である。函館戦争という歴史の大きな悲劇が背景になければ、このような言葉は出てこない。

これが、「稀代の名文句」である所以は何か。「此事」という表現は、明治政府のことを慮って具体的に書くことを避けたという説が多くみられる。確かにそうであろう。しかし、「此事」という言葉が思い浮かんだとき、この言葉は当事者たちの思いを超えたものとなったのではないか。「此事」は、単に函館戦争のことではなかった。「實に此事有り」と、「實に」と思いが込められているのは、「此事」が具体的な戦争を超えて、何か人間の悲劇の歴史であったことを示唆しているように思われる。碧血とは、義に殉じた武人の血は、三年経てば碧玉になるという故事に基づく。「此事」とは、義の発現であったのだ。私は、何ものかを約束させられたかの思いを抱いて、この碑の前を辞した。

この碧血碑を訪ねたとき、私はこの「柳川熊吉という俠客」のことを知らなかった。迂闊なことである。碧血碑の傍らに「柳川熊吉翁之碑」があるという。大正二年、熊吉八十八歳の米寿に際して、有志たちによって建てられた。その年に、熊吉は死んでいる。函館市による説明板には、次のように書かれている。

柳川熊吉は、安政三（一八五六）年に江戸から来て請負業を営み、五稜郭築造の際には、労働者の供給に貢献した。

明治二年（一八六九）、函館戦争が終結すると、敗れた旧幕府脱走軍の遺体は、「賊軍の慰霊を行ってはならない」との命令で、市中に放置されたままであった。新政府軍のこの処置に義憤を感じた熊吉は、実行寺の僧と一緒に遺体を集め同寺に葬ったが、その意気に感じた新政府軍の田島圭蔵の計らいで、熊吉は断罪を免れた。

明治四年、熊吉は函館山山腹に土地を購入して遺体を改葬し、同八年、旧幕府脱走軍の戦死者を慰霊する「碧血碑」を建てた。大正二年（一九一三）、熊吉八十八歳の米寿に際し、有志らはその義挙を伝えるため、ここに寿碑を建てた。

あのとき、私は、この「寿碑」に何故か気がつかなかった。碧血碑に関心が集中していたのだろうか。柳川熊吉翁に申し訳ないことをしてしまった。

この「義挙」は、これも「俠客」の、それもその代表的な人物、清水次郎長のことを連想させる。旧幕府海軍榎本艦隊に属する軍艦咸臨丸が、台風に遭遇して破損した。清水港に緊急避難したが、明治元年（一八六八）九月十八日、新政府軍の軍艦の攻撃を受け、交戦した。二十人余の乗組員が殺され、海中に投棄された。駿府藩は、新政府の眼を気にして清水港内に浮ぶ死体に手を出せなかった。これに立ち上がったのが、清水次郎長であった。

「是非ハ即チ我レ知ラズ。然《し》カモ此輩皆命ヲ国家ニ致ス者ナリ。如何《いかん》ゾ之ヲ魚腹ニ餒《まか》セン」と言って、子分を連れて密《ひそ》かに夜を待って港内をさらい。死体を新開地向島の古松を目印に埋葬した。この際の、次郎長の啖呵《たんか》は、「人ノ世ニ処《お》ル、賊トナリ敵トナル。悪《にく》ム所唯其生前ノ事ノミ。若《も》シ其レ一タビ死セバ、復《ま》タ何ゾ罪スルニ足ランヤ。今官軍戦勝テ余威アリ。而《しこう》シテ特ニ敵屍ヲ投棄シテ去ル。我レ其不仁ヲ憾《うら》ム。腐屍港口ニアル者数日、漁者為メニ業ヲ廃ス。我レ其不幸ヲ憫《あわれ》ム。不仁ノ為メニ仁ヲ為シ、不利ノ為メニ利ヲ計ル、何為《なんす》レゾ嫌疑ヲ避ケン」というものであった。翌年、この地に壮士墓を建てた。墓の字は、山岡鉄舟が揮毫したものである。

内村鑑三は、『基督教《きりすときょう》問答』の中で、清水次郎長の辞世「六でなき四五とも今はあきはてて先だつさい（妻）に逢ふぞ嬉しき」をとりあげて、「多くの貴顕方の辞世の歌でも、文字こそ立派であれ、その希望の溢れたる思想に至つては、とてもこの博徒の述懐に及ばないと思ひます。彼れ次郎長は侠客の名に恥じません。彼れはこの世にあつては多少の善事をなした報酬として、死に臨んでこの美はしき死後の希望を抱くことができたと見えます」と書いている。この「多少の善事」の最たるものが、咸臨丸事件の際の義侠であろう。「侠客」次郎長をこのように評価するところに、内村鑑三の面目躍如たるものがある。基督教の問答書の中に、侠客の名前を出すところなどは、小林秀雄が乃木大将と内村鑑三を並べたのとよく似た、批評精神の冴えがあらわれている。文学にとってと同じく信仰にとっても、批評精神の冴えが必須なのである。

義の内村鑑三が、侠の清水次郎長に共鳴している。内村鑑三は、東大総長の南原繁や矢内原忠雄とか塚本虎二（岩波文庫の『新約聖書 福音書』の翻訳者）といった弟子よりも、侠客清水次郎長の方に、親近性を感じるような人間だったのではないか。それは、内村が大事にした弟子のタイプを考えれば、分かる。多分に侠客的な義の心を持ち「地の塩」として生きているような人間である。最晩年に、塚本虎二分離事件が起きたが、それに関連して、「日記」の中で「なまじいに都に在りて所謂《いわゆる》高等教育を受けし者には」（傍点原文）自分の説く福音は「解らないのである」と書いている。

内村の他に、「明治の精神」から挙げるならば、北村透谷は、「我性尤《もっと》も俠骨を愛す」といい、岡倉天心は、「奇骨俠骨　開落栄枯はなんのその　堂々男子は死んでもよい」と歌った。次郎長の墓の「俠客次郎長之墓」の字は、榎本武揚のものであった。ここで、函館戦争の榎本武揚が登場する。このように義と俠は、響き合うのだ。

俠と義は、地下茎でつながっているのではないか。俠のない義は、形式的なものに堕す。日本人においては、俠とは義が血肉化したものではないか。清水港での変事に際して、武士道という義を学んだはずの駿府藩の武士たちは何もしなかったのである。こういう形だけの義が肥大化し空疎化すると、大義とかが声高に唱えられることになる。義を語るとき、この俠とのつながりを忘れてはならない。俠の頭に義がついて、義俠心となる。一方、義も、俠骨に貫かれていなければならない。義の精神は、俠骨によって垂直に立つ。

跋

英国生まれの日本文学研究者、アイヴァン・モリス（一九二五〜一九七六年）の『高貴なる敗北――日本史の悲劇の英雄たち』（原著は一九七五年刊、日本語版・斎藤和明訳は一九八一年刊）は、モリスの死の一年前に刊行された。五十歳の若さでイタリアのボローニャで客死したのである。このことが既に本書の悲劇性を象徴している。とりあげられたのは、日本武尊、有間皇子、菅原道真、源義経、楠木正成、天草四郎、大塩平八郎、西郷隆盛、「カミカゼ特攻の戦士たち」である。

モリスは、それまで清少納言や『源氏物語』を研究してきて、その『光源氏の世界』は日本文化の基盤を説明する良書として英米で高い評価を得たが、この絶筆を書くきっかけは、三島由紀夫の言葉であったという。序の冒頭に、「三島由紀夫から、かつて次のように指摘された。君は日本の宮廷文化の優美とか光源氏の世界の静寂を称賛してきたが、その賛美を書くことで日本の民族性が持つ苛酷かつ峻厳そして悲壮な面を覆いかくしてはいないか、と言うのである」と書かれている。

前者の「優美」とか「静寂」が、美であり、後者の「苛酷かつ峻厳そして悲壮な面」が、義ということになるであろう。モリスは、この三島の指摘を受けて、『高貴なる敗北――日本史の悲劇の英雄たち』を書いたのであり、「高貴」や「悲劇」は、義に通ずるのである。

私は、三島の言葉になぞらえて、英国人ならぬ今日の日本人に向かって次のように指摘したい。君は美を愛好することに偏して、義を求める心が不足しているのではないか、と。

内村鑑三は、「真個の美は義の在る所に於てのみ栄える」と言ったが、今日、日本人の愛好する美は「真個の美」からますます離れていっているように思われる。ポール・ヴァレリーが、『ドガ・ダンス・デッサン』の中で、「この頃の奇妙な習慣では、初めに人をびっくりさせ、批評家によって思う存分に悪口を言われなければ、その芸術家は凡庸だということになる。人を顰蹙せしめることによって注意を惹かなければ、芸術家は認められない。そこで芸術家の方で、何よりも人をびっくりさせるのが大事だと考え、専ら人を驚かすように努める。現代芸術を説くものは、三、四十年来その主潮を為し、五年位たつごとにその形式を新たにする所の、人を驚かす工夫について詳述すべきであろう」(傍点原文)と書いたのは、もうほぼ一世紀前のことである。このヴァレリーの文章は、第六章で扱った美の椅子のところで、引用すべきだったかもしれない。「この頃の奇妙な習慣」は、美術や音楽などの「現代芸術」に限らず、「現代」文学をはじめ学問などの文化全般について言えることであろう。

小林秀雄は、昭和三十二年に「美を求める心」と題した文章を書いた。美の時代である戦後の日本を象徴するものであった。それに対して、私は、令和七年に「義を求める心」を世に問うのである。「美か義か」の選択において、義が重んじられる時代の到来を待望するからである。日本人は、義の無い美にふやけてしまった。もうそんな美は充分である。今年は、昭和百年と戦後八十年という節目が重なる重要な年である。その年に、本書を上梓するのは、戦後八十年の超克への道は、義によって開かれると考えているからである。副題を「日本人の再興」としたのは、美の中に埋没している日本人の再興は、義を選択する気概によって起きるということを言いたいが為に他ならない。時代思潮を変える魁《さきがけ》になることを強く願う。

とりあげた対象は、内村鑑三をはじめ、富岡鉄斎、国木田独歩、島木健作、中島敦などこれまで論じて来た人物が多いが、それは単なる繰り返しということではなく、その人物たちの精神の核心を義の垂直線によって貫いてみせたのである。

終章では、碧血碑を建てた函館の俠客、柳川熊吉に触れたが、その「柳川熊吉翁之碑」の説明文の中に、「新政府軍のこの処置に義憤を感じた熊吉は」という件《くだり》があった。この「義憤を感じた」というところに、私は強く反応する。というのは、批評は義憤から発すると、かねてより思っているからである。粕谷一希氏と、死の七年前の平成二十年（二〇〇八）に行った対談のタイトルは、そのものずばり「批評とは義憤である」であった（粕谷一希著『〈座談〉書物への愛』所収）。

批評と研究との根源的な違いの一つは、ここにある。今日、パソコンの検索によって、知識や情報の収集はいくらでもできるようになった。最近の伝記は、詳細を極めるようになり、研究書の類は大部なものが多い。参考文献の記載など何頁にも及ぶ。いつの頃からか、エッセイや評論の書でも参考文献の頁が多くなった。研究書らしき装いをしたいのかもしれない。しかし、それと反比例して、批評精神は揮発していったのである。小林秀雄の大作『本居宣長』には、無論、参考文献など付いていない。本書には、あえて参考文献は付けなかった。私の精神の裡で血肉化されて記憶にある文章から引用するものを選んだからである。振り返ってみると、私は、デビュー作の『内村鑑三』以来、参考文献を外国の芸術家を対象としたもの以外は付けたことがない。外国人の場合は、参考文献は一応記載したが、研究的な観点からしたら必要最低限としか言えない数だった。

知識と情報を集めて整理・解釈するだけの研究は、ＡＩの進化とともにますます簡単にできるようになるに違いない。というよりも、ＡＩの仕事の領域になってしまうのかもしれない。しかし、ＡＩには義憤はない。人間の精神の仕事と呼ぶに値するものは、深い意味で義憤から生まれるのである。『論語』には、「憤せずんば、啓せず」とある。

同じく終章で、俠客、清水次郎長の啖呵を引用したが、批評の肝は、啖呵ではないか。小林秀雄の批評の魅力、あるいは磁力は、この啖呵にある。初期の小林の「批評するとは自己を語る事である、他人の作品をダシに使つて自己を語る事である」という有名な言葉は、いわば若き俠客、小林秀雄の啖呵として見事なものと言っていい。その後も、切れ味の鋭い啖呵が、数多く切られている。

その中から、ここでは二つの例を挙げよう。一つ目は、昭和十五年の「文芸月評Ⅳ」の中に出て来る。この月評は、高見順の『如何なる星の下に』をとりあげているが、この小説はエピグラフに高山樗牛の歌「如何なる星の下に生まれけむ、われ世にも心よわき者なるかな云々」を掲げている。小林は、その歌を引用した上で「樗牛の歌は少しも古くならない」と言った後で、「樗牛の歌が、ロマンチックに見える、そんな世の中になつた。たゞそんな世の中になつた。たゞそんな世の中になつただけだ」と書いた。

「そんな世の中になつた。たゞそんな世の中になつた。たゞそんな世の中になつただけだ」と繰り返される度に、「たゞ」が付き、次には「だけだ」が加わり、いわばクレッシェンドで転調される。これは、時代に対する覚悟を主題とした咏呵である。今日の世界に生きている人間のほとんどは、「そんな世の中になつた」という思いを抱いているに違いない。慨嘆、あるいは諦念である。しかし、小林は、「たゞ」と転調し、さらに「だけだ」と転調して、ついに「世の中」を突き放すのである。「たゞそんな世の中になつただけだ」と咏呵を切るのである。私は、義より美に心惹かれている今日の日本の中に生きていて、「たゞそんな世の中になつただけだ」と咏呵を切りたいと思う。そして、義の言立をするのは、そういう咏呵を踏まえてのことである。

二つ目は、有名な「モオツァルト」の中の一節である。交響曲第四十一番「ジュピター」の終楽章が、無用な音の付加物が一切なく、主題の自ずからな発展しかないことに触れて、「これにはどれほどの意志の緊張を必要としたか。併し、さう考へる前に、さういふ僕らの考へ方について反省してみる方がよくはないか」と言って、次のように啖呵を切る。「言ひ度い事しか言はぬ為に、意志の緊張を必要とするとは、どういふ事なのか。僕等が落ち込んだ奇妙な地獄ではあるまいか。要するに何が本当に言ひたい事なのかもうよく判らなくなつて来てゐるのではあるまいか。」

この「奇妙な地獄」をかえって「天国」のように錯覚して「何でもあり」の言説が繰り広げられているのは、「何が本当に言ひたい事なのかもうよく判らなくなつて」いるからである。「本当に言ひたい事」は、義から生まれる。「本当に言ひたい事」を持っていなくても、あれこれいろいろと「言ひたい事」があれば、研究はできるのである。

各章の扉には、エピグラフのような文章を載せた。これは、その章の文章の中から、これは啖呵だなと思える一節を選び出したものである。批評の肝は、啖呵にあるということを示したいからに他ならない。

本書は、日本学協会が発行している雑誌『日本』に、「義の日本思想史」と題して、昨年の一月号から十二月号までの一年間、連載されたものである。書籍としてまとめるにあたり、加筆訂正の上、章の配列を見直し、章・節の見出しも一部変更した。

義を見失った戦後日本に対して義の言立をする文章を、戦後ほとんど封印されたといってもいい国史学者の平泉澄にゆかりのある雑誌に連載したことには、或る運命的なものを感じる。このような貴重な機会を与えて頂いたことに対して、日本学協会には厚く御礼申し上げたいと思う。

藤原書店の藤原良雄社長には、出版に際して様々なご助言を頂いた。『美か義か――日本人の再興』というタイトルは、長時間に及ぶ熱い議論の中から生まれたものである。この「美か義か」は、啖呵に他ならない。編集は、今回も刈屋琢氏に担当して頂いた。いわば義のある編集をして頂いたことに深く感謝したいと思う。

昭和百年、戦後八十年にあたる令和七年の年頭に

新保祐司

な 行

は 行

た　行

か 行

さ 行

主要人名索引

序章から跋までの本文から人名を採った。

あ 行

著者紹介

新保祐司（しんぽ・ゆうじ）

1953年生。東京大学文学部仏文科卒業。文芸批評家。

著書に，『内村鑑三』（1990年。文春学藝ライブラリー，2017年）『文藝評論』（1991年）『批評の測鉛』（1992年）『日本思想史骨』（1994年）『正統の垂直線――透谷・鑑三・近代』（1997年）『批評の時』（2001年）『信時潔』（2005年）［以上，構想社］，『島木健作――義に飢ゑ渇く者』（リブロポート，1990年），『フリードリヒ　崇高のアリア』（角川学芸出版，2008年），『異形の明治』（2014年）『「海道東征」への道』（2016年）『明治の光・内村鑑三』（2017年）『「海道東征」とは何か』『義のアウトサイダー』（2018年）『詩情のスケッチ』（2019年）［以上，藤原書店］，『明治頌歌――言葉による交響曲』（展転社，2017年）がある。また編著書に，『北村透谷――〈批評〉の誕生』（至文堂，2006年），『「海ゆかば」の昭和』（イプシロン出版企画，2006年），『別冊環⑱　内村鑑三 1861-1930』（藤原書店，2011年）がある。

クラシック音楽関係の著作としては，『国のさゝやき』（2002年）『鈴二つ』（2005年）［以上，構想社］，『シベリウスと宣長』（2014年）『ハリネズミの耳――音楽随想』（2015年）［以上，港の人］，『ベートーヴェン 一曲一生』（2020年）『ブラームス・ヴァリエーション』（2023年）［以上，藤原書店］がある。

2007年，第8回正論新風賞，2017年，第33回正論大賞を受賞。

美《び》か義《ぎ》か――日本人《にほんじん》の再興《さいこう》

2025年2月28日　初版第1刷発行©
2025年5月30日　初版第2刷発行

著　者　新　保　祐　司
発行者　藤　原　良　雄
発行所　株式会社　藤　原　書　店

〒162-0041　東京都新宿区早稲田鶴巻町523
電　話　03（5272）0301
ＦＡＸ　03（5272）0450
振　替　00160 - 4 - 17013
info@fujiwara-shoten.co.jp

印刷・製本　中央精版印刷

落丁本・乱丁本はお取替えいたします
定価はカバーに表示してあります

Printed in Japan
ISBN978-4-86578-451-0

後藤新平の全生涯を描いた金字塔。「全仕事」第1弾！

〈決定版〉正伝　後藤新平

（全8分冊・別巻一）

鶴見祐輔／〈校訂〉一海知義

四六変上製カバー装　各巻約700頁　各巻口絵付

第61回毎日出版文化賞（企画部門）受賞　　**全巻計49600円**

波乱万丈の生涯を、膨大な一次資料を駆使して描ききった評伝の金字塔。完全に新漢字・現代仮名遣いに改め、資料には釈文を付した決定版。

1　**医者時代**　**前史〜1893年**
医学を修めた後藤は、西南戦争後の検疫で大活躍。板垣退助の治療や、ドイツ留学でのコッホ、北里柴三郎、ビスマルクらとの出会い。**〈序〉鶴見和子**
704頁　**4600円**　**在庫僅少**◇978-4-89434-420-4（2004年11月刊）

2　**衛生局長時代**　**1892〜98年**
内務省衛生局長に就任するも、相馬事件で投獄。しかし日清戦争凱旋兵の検疫で手腕を発揮した後藤は、人間の医者から、社会の医者として躍進する。
672頁　**4600円**　◇978-4-89434-421-1（2004年12月刊）

3　**台湾時代**　**1898〜1906年**
総督・児玉源太郎の抜擢で台湾民政局長に。上下水道・通信など都市インフラ整備、阿片・砂糖等の産業振興など、今日に通じる台湾の近代化をもたらす。
864頁　**4600円**　◇978-4-89434-435-8（2005年2月刊）

4　**満鉄時代**　**1906〜08年**
初代満鉄総裁に就任。清・露と欧米列強の権益が拮抗する満洲の地で、「新旧大陸対峙論」の世界認識に立ち、「文装的武備」により満洲経営の基盤を築く。
672頁　**6200円**　◇978-4-89434-445-7（2005年4月刊）

5　**第二次桂内閣時代**　**1908〜16年**
逓信大臣として初入閣。郵便事業、電話の普及など日本が必要とする国内ネットワークを整備するとともに、鉄道院総裁も兼務し鉄道広軌化を構想する。
896頁　**6200円**　◇978-4-89434-464-8（2005年7月刊）

6　**寺内内閣時代**　**1916〜18年**
第一次大戦の混乱の中で、臨時外交調査会を組織。内相から外相へ転じた後藤は、シベリア出兵を推進しつつ、世界の中の日本の道を探る。
616頁　**6200円**　◇978-4-89434-481-5（2005年11月刊）

7　**東京市長時代**　**1919〜23年**
戦後欧米の視察から帰国後、腐敗した市政刷新のため東京市長に。百年後を見据えた八億円都市計画の提起など、首都東京の未来図を描く。
768頁　**6200円**　◇978-4-89434-507-2（2006年3月刊）

8　**「政治の倫理化」時代**　**1923〜29年**
震災後の帝都復興院総裁に任ぜられるも、志半ばで内閣総辞職。最晩年は、「政治の倫理化」、少年団、東京放送局総裁など、自治と公共の育成に奔走する。
696頁　**6200円**　◇978-4-89434-525-6（2006年7月刊）

その全仕事を貫く「生を衛（まも）る」思想

別冊『環』㉘

後藤新平——衛生の道 *1857-1929*

後藤新平研究会編

ドイツ留学で学んだ衛生の思想、陸軍検疫部でのコレラ検疫、台湾総督府民政長官としての仕事、東京市長、関東大震災からの帝都復興、鉄道院の初代総裁……自ら「衛生の道」と名付けた仕事の全体像を明かし、後年の仕事にどのように引き継がれていったかを示す。

菊大並製　五二〇頁　**三六〇〇円**
（二〇二三年三月刊）
◇978-4-86578-381-0

■目次

序——後藤新平の「衛生の道」
後藤新平『国家衛生原理』より
〈座談会〉**後藤新平の「衛生の道」**
笠原英彦／春山明哲／三砂ちづる／伏見岳人／稲場紀久雄／川西崇行

I　若き日に見出した「衛生の道」（前期）
笠原英彦／姜克實／小島和貴／渡辺利夫／鈴木一策／西宮紘／春山明哲／柗居宏枝／河﨑充代／岡田靖雄／檜山幸夫

II　後藤新平と「衛生の道」を取り巻く人々
楠木賢道／蒲生英博／稲場紀久雄／森孝之／和田みき子／稲松孝思

III　拡大する「衛生の道」（中期）
ワシーリー・モロジャコフ／鈴木哲造／楠木賢道／西澤泰彦／林采成／堀川洋子／白戸健一郎／田辺鶴遊

IV　希望としての「衛生の道」（後期）
伏見岳人／青山佾／川西崇行／岡田一天／竹村公太郎／河野有理

提言——「衛生の道」から今日の日本へ
大宅映子／三砂ちづる／片山善博／石浦薫／加藤丈夫

【資料】後藤新平関連団体の紹介／後藤新平の言葉／関連年譜と著作二十選

天保元年以降の生まれが、近代日本を作った

近代日本を作った一〇五人

（高野長英から知里真志保まで）

藤原書店編集部編

一八三〇年から一八八〇年までの約五〇年間に誕生し、〝時代の先覚者〟後藤新平と縁の深かった人々を選んだ「新しい近代日本人物誌」。総勢九二名の気鋭の執筆陣により、時代の転換点を鮮やかに示す。

四六変上製　四五六頁　**三〇〇〇円**
（二〇二三年四月刊）
◇978-4-86578-386-5

近代日本の根源的批判者

別冊『環』⑱

内村鑑三 *1861-1930*

新保祐司編

I　内村鑑三と近代日本
山折哲雄＋新保祐司／山折哲雄／新保祐司／関根清三／渡辺京二／新井明／鈴木範久／田尻祐一郎／鶴見太郎／猪木武徳／住谷一彦／松尾尊兊／春山明哲

II　内村鑑三を語る
「内村鑑三の勝利」（内村評）／新保祐司／海老名弾正／徳富蘇峰／山路愛山／山室軍平／石川三四郎／山川均／岩波茂雄／長與善郎／金教臣

III　内村鑑三を読む
新保祐司／内村鑑三**『ロマ書の研究』**（抜粋）／**「何故に大文学は出ざる乎」**ほか

〈附〉**内村鑑三年譜（1861-1930）**

菊大判　三六八頁　**三八〇〇円**
（二〇一一年一二月刊）
◇978-4-89434-833-2

「日本の近代」を問い直すための最良の鑑

異形の明治

新保祐司

「理想」に摑まれ、「絶対」に貫かれた、「化物」たちの時代――山田風太郎、服部之総、池辺三山、清沢洌、尾佐竹猛、吉野作造、福本日南らの「歴史の活眼」を導きとして、明治という国家が、まだ骨格を固める以前の近代日本の草創期に、国家への純粋な希求に突き動かされた人々の、「明治初年の精神」に迫る。

四六上製　二三二頁　**二四〇〇円**
（二〇一四年八月刊）
◇978-4-89434-983-4

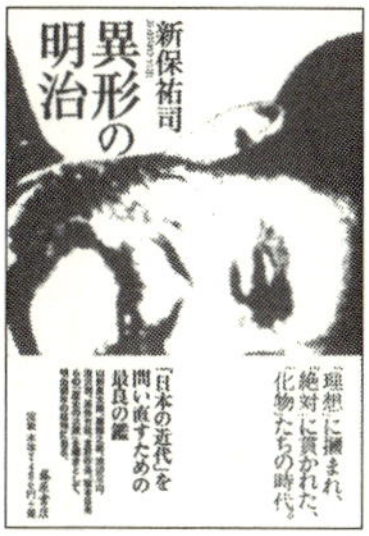

“封印”されていた交声曲は、今、なぜ復活したのか?

「海道東征」への道

新保祐司

「海ゆかば」の信時潔の作曲、北原白秋の作詩による交声曲「海道東征」。戦後封印されてきた大曲が戦後七〇年に復活公演されたが、その復活劇は著者の「信時潔論」が強力に牽引していた。東日本大震災という未曽有の災害により「戦後日本」が根底から揺るがされた、戦後六〇年から七〇年の一〇年間における、日本社会の精神史的考察の集成。

四六上製　三二八頁　**二八〇〇円**
（二〇一六年八月刊）
◇978-4-86578-086-4

私たちは、なぜこの曲に心打たれるのか

「海道東征」とは何か

新保祐司

『海道東征』は、少しも古びていない。永遠に新しい」（新保祐司）――昭和十五年、詩人・北原白秋と作曲家・信時潔の二人の天才によって生み出された奇跡の交声曲「海道東征」。戦後封印され、いま復活を遂げたこの曲の精神史的意義を、より深く知るための必読の一冊。

四六並製　二〇八頁　**一八〇〇円**
（二〇一八年四月刊）
◇978-4-86578-172-4

「美」でも「利」でもなく「義」を生きた人物たちの系譜

義のアウトサイダー

新保祐司

内村鑑三をはじめ、田中小実昌、三島由紀夫、五味康祐、島木健作、大佛次郎、江藤淳、福田恆存、小林秀雄、北村透谷、信時潔、北原白秋、富岡鉄斎、村岡典嗣、中谷宇吉郎、渡辺京二、そして粕谷一希――明治以降の日本の精神史において、近代化の奔流に便乗せず、神・歴史・自然に正対する道を歩んだ人物を辿る、渾身の批評集成。

四六上製　四一六頁　**三二〇〇円**
（二〇一八年一〇月刊）
◇978-4-86578-195-3

真に「書くべき程の事」を書き留めた詩的批評文集

詩情のスケッチ
〈批評の即興〉

新保祐司

内村鑑三、波多野精一ら、近代日本において信仰の本質を看取した存在を通して、〈絶対なるもの〉に貫かれる経験を批評の軸としてきた新保祐司。すべてを〈人間〉の水準へと「水平」化し尽くす近代という運動の終焉を目の当たりにして、「上」からの光に照らして見出された文学・思想・音楽の手応えを簡明かつ鮮烈に素描した、珠玉の批評を集成。

四六上製　二八八頁　**二五〇〇円**
（二〇一九年七月刊）
◇978-4-86578-233-2

近代日本最大の逆説的存在から照射

明治の光・内村鑑三

新保祐司

キリスト教という「薬」抜きに西洋文明という「毒」を移植した日本近代が、根柢的に抱える欠落とは何か。明治百五十年の今、終焉を迎えつつある「日本近代」を、内村鑑三というトップライトから照らし出すと共に、内村という磁場に感応して近代の本質を看取した明治から昭和の文人・思想家たちの姿を描く渾身作。

四六上製　三九二頁　**三六〇〇円**
（二〇一七年一一月刊）
◇978-4-86578-153-3

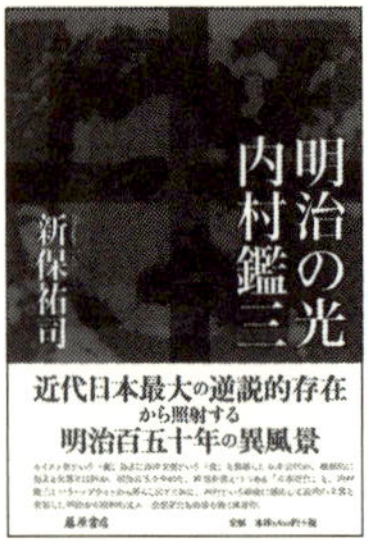

なぜベートーヴェンは近代を、現代を超えるのか

ベートーヴェン一曲一生

新保祐司

近代の暮れ方に訪れた新型コロナ禍の〝異常な〟一〇〇日間、ベートーヴェンの作品を一日一曲、ほぼ全て聴き尽くして辿りついた、ベートーヴェンの神髄とは？　新たな主題の「発見」でも、主題の新たな「解釈」でもなく、真に内発的な「主題の変奏」という、その「天才」の本質に迫る力作批評。生誕二五〇年記念出版！

四六上製　二六四頁　**二五〇〇円**
（二〇二〇年一一月刊）
◇978-4-86578-291-2

ブラームスを通した〝近代への挽歌〟

ブラームス・ヴァリエーション

新保祐司

コロナ禍の日々、耳を打ったブラームス（1833-97）。ベートーヴェン以後、近代ヨーロッパが黄昏を迎える一九世紀を生きた変奏曲の大家の、ほぼ全作品を「一日一曲」聴き続ける。音楽の主題から、文学・思想・人間・世界・文明へと自在に「変奏」を展開し、現代への批判の視座を見出す、文芸批評の新しいかたち。

四六上製　三三六頁　**二六〇〇円**
（二〇二三年四月刊）
◇978-4-86578-384-1